Filosofia Política • III / 6

Democracia e política

Filosofia Política • III / 6

editor: Denis L. Rosenfield

Democracia e política

Jorge Zahar Editor
Rio de Janeiro

Esta publicação conta com o apoio do PRONEX através do grupo de pesquisa em filosofia *Lógica, Ontologia e Ética*

Os artigos devem ser enviados para os editores, impressos em espaço duplo, acompanhados de disquete, para o seguinte endereço: Revista Filosofia Política
Departamento de Filosofia, Curso de Pós-Graduação em Filosofia
IFCH/UFRGS
Caixa Postal 15.055
91501-970 Porto Alegre, RS
e-mail: denisrosenfield@terra.com.br
fax: (55) 3241-2157

Jorge Zahar Editor Ltda.
rua México 31 sobreloja
20031-144 Rio de Janeiro, RJ
tel.: (21) 2240-0226 / fax: (21) 2262-5123
e-mail: jze@zahar.com.br
site: www.zahar.com.br

Capa: Sérgio Campante

CIP-Brasil. Catalogação-na-fonte
Sindicato Nacional dos Editores de Livros, RJ.

D45 Democracia e política / editor Denis L. Rosenfield. — Rio de Janeiro: Jorge Zahar Ed., 2003
(Filosofia política. Série III; n. 6)

ISBN 85-7110-736-X

1. Democracia. 2. Filosofia política. 3. Ciência política. I. Rosenfield, Denis L. (Denis Lerrer), 1950-. II. Série.

CDD 321.8
03-1492 CDU 321.7

Sumário

Apresentação

A importância da democracia, nunca é demais sublinhar, é decisiva para a construção de uma sociedade baseada na liberdade e na igualdade de oportunidades para todos os seus membros. Num mundo conturbado pela violência e pelas formas mais díspares de desigualdade social, torna-se cada vez mais necessária uma discussão sobre os fundamentos nos quais se assenta essa forma de organização do Estado.

Vivemos num país de pouca tradição democrática, embora nossas instituições tenham revelado uma extrema vitalidade na consolidação desse regime político. A liberdade, sob as suas múltiplas formas de livre organização partidária e sindical, de livre expressão e de livre pensamento, de uma mídia livre e atuante, está fixando sólidas raízes entre nós. A recente mudança de governo mostrou ainda que a alternância entre partidos que, pelo menos aparentemente, se mostravam distintos faz parte da luta pelo poder, nada abalando a sua forma democrática de manifestação.

Os autores deste número de *Filosofia Política*, em suas diferentes perspectivas de abordagem, apresentam diversos enfoques da democracia e das figuras do político, todos com a preocupação comum de enriquecer o debate sobre os destinos de nosso país, tendo como horizonte uma confrontação com o pensamento político moderno. De questões atuais a conceitos básicos da filosofia política, a revista tem mais uma vez a pretensão de enriquecer o debate das idéias, condição do exercício do pensamento e da democracia, inextricavelmente ligados desde a filosofia grega.

DENIS L. ROSENFIELD

CRISE DEMOCRÁTICA E DEMOCRACIA DIRETA

Tarso Genro

I

Quando Hegel despedia-se da vida, em 1831, os amigos que tentavam animá-lo afirmavam que o mestre poderia morrer em paz, porque sua filosofia já se tornara dominante em todas as universidades alemãs. Agonizante, o filósofo respondeu: "Nenhum dos meus discípulos me compreendeu, menos um, e este me compreendeu mal."[1] O fato biográfico pode servir de parábola para a história da democracia. O que diriam Tocqueville, Rousseau, Montesquieu e Benjamin Constant a respeito dos atuais regimes democráticos, se ainda vivessem? Não seria, essa democracia que sofremos, um grande mal-entendido que se afastou, pela paralisia, da dinâmica da idéia dos seus patronos teóricos?

O contingente de pessoas que vive, nos dias de hoje, sob o regime democrático — democracia de "representação", ou democracia nos seus "moldes clássicos" — tem aumentado significativamente. Refiro-me aos regimes nos quais os governos são produto da soberania popular, aferida em eleições periódicas com liberdade política.

Esse alargamento espacial da democracia, porém, vem comprovando que, se é verdade que os totalitarismos não resolvem de maneira duradoura as questões sociais mais graves, "não há evidências de que a prosperidade e a justiça social ... sejam promovidas pela democracia como uma conseqüência direta."[2] Pobreza e liberdades políticas podem ser compatibilizadas pelo controle social fundado em aceitações culturais e na manipulação de informações, ou mesmo no recurso à força legalmente exercida em momentos especiais de instabilidade.

Muitos exemplos poderiam ser apontados em todo o mundo, mas o Brasil e a Argentina podem ser referidos como clássicos. Todo o "proveito" da democracia foi apropriado, em ambos os países, por pequenos segmentos das elites locais — altos estratos da classe média, grupos ligados ao grande capital e ao "rentismo" financeiro — com um brutal aumento da concentração de renda. Esta situação não ocorreu sem apoio numa "reforma" das instituições públicas e da cultura política democrática que, a seu tempo, criara os seus próprios intelectuais progressistas. Para suportar a elitização da democracia, não só uma boa parte da intelectualidade passou a repudiar as "utopias" democráticas ou socialistas, mas também a aceitar outras formas de autoritarismo como uma "lamentável" necessidade. Aqui no Brasil, esse repúdio e essa compreensão ficam evidenciados na sua avaliação das Medidas Provisórias — instrumentos de decisão autoritária que não raro sonegam direitos e concentram renda em nome do "ajuste fiscal".

Mesmo com essas deformações da moderna democracia representativa, o regime democrático, baseado na pluralidade política e em poderes harmônicos, é a forma mais adequada para viabilizar as *relações contratuais de natureza política*. São elas que dão fundamento e previsibilidade às relações mercantis: a democracia como regime capaz de oferecer margens de escolha para os sujeitos sociais, como sujeitos mercantis, e opções mínimas de disputa entre os sujeitos políticos. São relações contratuais que dão *forma jurídica e estrutura institucional* à possibilidade democrática e afirmam, nas relações sociais concretas, ao mesmo tempo *libertação* e *dominação*, ambas marcadas por relações reais de poder que a esfera mercantil e o regime político proporcionam.

A necessidade desta "contratualidade" — que segundo a teoria democrática hegemônica seria rompida pelo "excesso" de liberdade sem mediações normativas — é que fez Norberto Bobbio dizer que "nada ameaça mais matar a democracia que o excesso de democracia."[3] A democracia, construída como um conjunto de formas e ritos, pesos e contrapesos, violentada pela imprevisibilidade poderia, segundo ele, descambar para o totalitarismo.

Para Bobbio, portanto — pelo menos para o Bobbio desta concepção — *indeterminação* e *imprevisibilidade* constrangem o espaço democrático possível. Por isso, em nome da segurança democrática devemos refrear a radicalidade de qualquer impulso utópico, já que este só pode fundar-se numa subjetividade que é pura "aventura" do espírito. Assim — para esta posição —, mesmo que os ritos e as formas mostrem-se insuficientes para alterar aquelas relações reais de poder (que sempre fortalecem os elementos de dominação que a democracia contém), é preciso ater-se ao que pode ser racional e positivamente constituído: para que as ilusões não levem a democracia à morte e conseqüentemente à vigência do totalitarismo.

Mas é preciso interpelar a situação sem saída prevista pelo grande positivista italiano com a seguinte interrogação: é possível projetar novas instituições republicanas e outras formas de participação democrática heterodoxas, que reduzam fortemente os aspectos manipulatórios da forma democrática atual, sem que viabilizemos a hidra totalitária? Caso seja possível, como manter uma mínima estabilidade para que as mudanças permitam um "salto" tão vigoroso como foi na Inglaterra, à sua época, a instalação do governo do Parlamento?

Uma visão otimista da democracia contrasta hoje com um certo senso comum, preventivamente pessimista, de uma parte significativa da intelectualidade, que não cansa de reiterar que a "democracia está em crise". É certo que o *regime democrático* está em crise, pela forma histórico-concreta que a idéia democrática adquiriu, mas a sentença "a democracia está em crise" não é nada verdadeira quando pretende se referir à crise da *idéia democrática*: não há crise da vontade de liberdade política dos modernos nem da pretensão de igualdade.

Adorno diz, deduzindo de Hegel, que "só é frutífero o pensamento crítico que desata a força armazenada em seu próprio objeto e a desata, ao mesmo tempo, a seu favor (fazendo-o encontrar-se consigo mesmo) e contra si mesmo (ao recordar-lhe que ele ainda não é ele mesmo)."[4] Aceita esta postura metodológica podemos conceber o regime democrático e as suas instituições como *permanentemente inacabados*. Ou, ainda, que a democracia ainda não alcançou, sequer no tempo presente, a sua melhor possibilidade, mesmo dentro das estruturas e fundamentos constitucionais vigentes.

A hipótese é que a democracia ao encontrar-se consigo mesma *poderia conceber-se como ainda não totalmente democrática*. Ou, quem sabe, como portadora de um "déficit" que poderia ser superado por outra engenharia política e institucional: uma engenharia de radicalização democrática que combinasse *certa instabilidade consensual com um acordo majoritário sobre uma mínima indeterminação*.

O que Gramsci disse a respeito da crise da idéia de progresso serve para a crise da democracia": "a crise da idéia de progresso (ou da democracia) ... não é uma crise da idéia em si, mas uma crise dos portadores desta idéia, os quais se tornaram, eles mesmos, uma 'natureza' que deve ser dominada."[5] A crise da democracia liberal, no seu regime histórico atual, passa a ser confundida com a crise da idéia democrática como ideologia moderna que buscou a "desteologização" e a "desnaturalização" das relações humanas e sociais. (Gramsci usa aqui a expressão "dominada" no sentido histórico-ontológico, ou seja, natureza que deve ser sujeita aos desígnios humanos: deve ser "humanizada".)

Se a idéia democrática permanece vigorosa e, inclusive, cada vez mais possível de ser radicalizada pelas conquistas atuais da ciência e da técnica,[6] pode-se dizer também que ela nunca esteve tão anarquicamente pujante. Tal energia anárquica, aliás, sempre se desprende das novas pretensões de liberdade, quando elas ainda não estão formuladas de maneira consistente.

Para a superação desse vácuo, que separa a *idéia* da democracia da sua *forma* histórica, o enfrentamento aos desafios de uma nova época — em termos do Estado — deve forjar novas instituições. O ideal seria que elas correspondessem, de uma parte, à atualização do vigor da idéia originária da democracia e, de outra, às novas necessidades materiais e espirituais, pautadas pelo desenvolvimento da produção, da cultura e da ciência.

II

Se para Bobbio o regime democrático não tem outra finalidade que não a de auto-reproduzir-se, ou seja, manter as "regras do jogo" democrático (porque essas regras são positivamente a democracia), Weber vê na democracia uma espécie de contradição permanente. Uma contradição que deverá ser mediada pelo líder: aquela entre o *ideal de liberdade* e a *materialidade institucional racionalizada* pela necessidade e pela técnica. No líder — para Weber — repousará a direção efetiva delegada pela eleição, sem qualquer interferência da soberania popular já exercida.[7]

Não é gratuito, pois, que Weber pense a democracia como um conflito "no seio do qual a tragédia gera o seu renascimento".[8] Para ele, conseqüentemente, a democracia só pode ser salva pela "ética da responsabilidade" exercida pelo homem político com virtudes, sendo "a paixão, o senso de responsabilidade e o senso de proporção" as três "qualidades determinantes" do líder.[9] Weber, na verdade, afirmava o protagonismo do líder e pouco valorizava as mudanças institucionais: "Mudanças técnicas na forma de governo em si mesmas nem fazem uma nação competente, nem feliz, tampouco valorosa. Somente conseguem tirar de seu caminho empecilhos mecânicos, sendo, pois, pura e simplesmente meios para um fim."[10]

Para que se possa pensar na evolução do sistema democrático para além do sentimento trágico que acaba em autoritarismo, como em Weber, e para além da engenharia positiva de Bobbio, é preciso libertar o sistema da idéia "que a democracia não é mais do que um mecanismo para eleger e autorizar governos".[11] É sobretudo uma "qualidade que impregna toda a vida e todo o funcionamento de uma comunidade nacional ou menor, ou, se se prefere, como tipo de sociedade, todo um conjunto de relações recíprocas entre a gente que constitui a nação ou a unidade a que referimos".[12]

Se a democracia não é apenas um sistema de um *regime democrático* determinado, pendente da tragédia, ou apenas um *sistema jurídico*, através do qual se objetiva o máximo de legitimidade para os governantes, é possível pensar que as instituições e os mecanismos atuais podem ser fortalecidos e provavelmente renovados. A *idéia* democrática, então, poderia ser alvo de sucessivos *projetos* democráticos, compatíveis com cada época em que ela é exercitada.

Cada mudança poderia ser uma mudança destinada a buscar *metas ideais*: abrir espaços, na dialética institucional e social, para o surgimento de novas instituições e contrapoderes. *Instituições que teriam a finalidade de permitir que a redução da capacidade regulatória da máquina pública atual — por exemplo — fosse compensada "pela intensificação da cidadania ativa". E contrapoderes, que abririam espaços para o exercício de um "outro tipo de cidadania"*, que poderia optar pela participação *delegada* ou pela participação *direta* nos negócios públicos.

O ponto de partida seria o convencimento majoritário de que é possível moldar novas instituições modernas, destinadas a promover permanentemente a socialização da política com metas: a redução das desigualdades para afirmar um outro patamar de coesão social, pois no limite da passividade e das desigualdades atuais está a possibilidade de que a sociedade seja ocupada e colonizada pelos "fascismos societais".[13] A saber, a estabilização de um senso comum aprisionado numa forma democrática (regime) que não mais absorve os conflitos, mas criminaliza-os. Trata-se de um tipo de coerção que pode gerar a violência indefinidamente e expurgar, pelo autoritarismo, as dissidências que proponham novas alternativas.

Parece claro que nesse contexto de uma democracia "paralisada" todos tenderiam a querer a liberdade *só para si*, não para os demais, situação que chancelaria a destruição do projeto democrático moderno. O próprio Kelsen, que precedeu Bobbio, já compreendera de forma magistral que "o sentido mais profundo do princípio democrático se baseia em que *o sujeito não reclama liberdade somente para si, mas para os demais*; o 'eu' quer também que 'tu' seja livre, porque vê nele seu igual. Desse modo, para que possa originar-se a noção de uma forma social democrática, a idéia de igualdade há de agregar-se à de liberdade, limitando-a".[14]

Levando a leitura do pensamento de Kelsen à sua melhor possibilidade, a *limitação da liberdade como defesa da liberdade dos outros e não como contenção temerosa do totalitarismo*, temos um ponto de partida aberto para pensar a radicalização da democracia, e fazê-lo, então, diferentemente dos conceitos positivistas e neopositivistas que abordam esta limitação como *freio* e não como *instrumento* de mudanças. Com essa postura metodológica é possível pensar em novas formas institucionais para o exercício das liberdades, para que as instituições ganhem *eficácia transformadora*.

Rosa Luxemburgo não esteve alheia a essa dialética na sua polêmica com Lênin: "a liberdade reservada somente aos partidários do governo, somente aos membros do partido — por numerosos que eles sejam — não é liberdade. *A liberdade é sempre unicamente liberdade para quem pensa de outro modo.* Não é por fanatismo de 'justiça', senão porque tudo o que possa haver de instrutivo, saudável e purificador na liberdade política depende dela, e *perde toda eficácia* quando a 'liberdade' torna-se um privilégio."[15]

III

A crise da forma histórica democrática atual corresponde a uma nova relação "superestrutura-infra-estrutura" dentro do mesmo modo de produção. Assim como as relações políticas e a ação política poderiam forjar uma forma histórica mais democrática (ou menos), no interior de uma mesma formação social, o "bloco histórico" pode conter possibilidades de retrocesso de radicalização democrática, com a ruptura dos seus limites atuais.

Neste novo "bloco histórico" estão contidas as profundas transformações culturais da "pós-modernidade". É um novo universo social que permite o convívio do *decisionismo* de emergência, para "salvar" a economia (leia-se bolsas de valores), com o funcionamento dos poderes constitucionais, abrindo espaço ao que Boaventura Souza Santos chamou de "misterioso desaparecimento da tensão entre democracia e capitalismo no nosso final de século".[16] Essa tensão positiva só pode ser revigorada pela política radical, que experimenta novos processos e instituições democráticas, que retornem à raiz da crise democrática atual.

A raiz é a perda das "virtualidades distributivas" que a democracia sofreu pela afirmação da hegemonia neoliberal, que vem dissolvendo direitos sem muitas mudanças institucionais: reduziu os avanços sociais que foram impulsionados no âmbito do populismo modernizante e da social-democracia e acentuou a elitização classista. Foram transformações políticas e culturais que sustentaram o conjunto das reformas econômicas negativas do neoliberalismo, que impulsionaram um individualismo consumista "conscientemente orientado".

O esforço da máquina de poder e informação das grandes corporações privadas, articuladas com os Estados, para transformar o cidadão político (demandante social) num cidadão econômico (demandante de consumo), é palpável em cada momento da vida cotidiana. Assim como a produção gera um certo tipo de consumo e de consumidor, este também gera um certo tipo de produção para novas necessidades humanas (Marx).

Essa cultura do consumismo como elemento desestruturador da idéia democrática opera "por dentro" do próprio regime democrático e enfraquece as instituições democráticas tradicionais, como o Parlamento e o Judiciário. Também reduz a capacidade de coesão da cultura democrática tradicional: *o sentimento de pertencimento* a uma comunidade determinada, seja nacional ou local, é substituído pelo *sentimento de rebanho*, voltado para o consumo e para o prazer alienado.

Na "cultura de massas", que é a cultura "superior" degradada, está o "campo de treinamento onde aprendemos as regras fundamentais do jogo contemporâneo, o jogo do consumo".[17] E o jogo do consumo é o da crescente privatização das emoções, da sensação de não integrar uma humanidade constituída pela interdependência, pela "falsa consciência" de não integrar uma comunidade, cujas necessidades gerais só podem ser respondidas por *relações organizadas* e pelo *reconhecimento* recíproco dos grupos de interesse conscientemente orientados.

Quanto mais *conscientemente orientada* for a sociedade mais interdependência e sentimento de pertencimento. Logo, mais condições prévias para uma forte coesão social antifragmentária que crie condições para mudar uma sociedade complexa e desorientada, como é a sociedade moderna hoje. *Uma sociedade conscientemente orientada é a base da utopia democrática na crise de desorientação da pós-modernidade.*

IV

No plano da cultura política, em especial quando o discurso neoliberal é "apertado" pelas demandas dos pobres e dos seus representantes, ele apela para os argumentos que vinculam a idéia democrática à idéia do socialismo "real". Trata-se de relativizá-la ou desgastá-la. Por que estabelecem tal relação? Porque a idéia democrática originariamente contém, não somente a idéia da liberdade, mas igualmente a idéia de libertação das amarras da opressão e das mutilações sociais, que a utopia socialista sempre impugnou.[18]

Como o socialismo real fracassou nada mais simples para combater a radicalização da democracia do que vinculá-la à experiência do socialismo ("real"!), sempre que a luta democrática apresentar-se através de demandas econômico-sociais vindas dos "de baixo". O vínculo, por exemplo, do exercício de formas de democracia direta com as experiências democráticas do Leste passou a ser comum na crítica liberal e neoliberal contra a esquerda

Essa estratégia, que nada tem de voluntarista, apresenta-se também através de um outro elemento ideológico básico que busca atingir a capacidade de renovação da idéia e da experiência democrática: é a criminalização ou deslegitimação dos movimentos sociais. Estes são acusados de não "compreenderem" a situação especial em que vive a humanidade com a globalização econômica, que não mais permite os "paternalismos estatais".

Trata-se de, ao mesmo tempo que se reforça a atmosfera de consumismo desenfreado para os setores médios e elites, denunciar o caráter "arcaico", "irracional", "corporativo" e "injusto"[19] das demandas dos excluídos e dos trabalhadores, cujo consumo deve ser ferreamente *regulado pela renda reduzida e pelos baixos salários.* Esta regulação permite, de certo modo, subordinar pela superioridade cultural e técnica os "de baixo" e, de outro, permitir o consumo faustoso e cada vez mais variado e complexo das classes mais ricas.

Ao não se conformarem com a redução do seu padrão de vida ou com a sua situação de marginalização social, os "de baixo" deixam — segundo esse ponto de vista — de colaborar para a solução dos seus próprios problemas. Essa é a ideologia impingida pelo neoliberalismo e através da qual opera a defesa do pensamento único como forma de contenção e controle social. Ajuda a construir o conformismo fatalista que desnorteia e fragmenta a consciência das classes trabalhadoras e também estimula o consumismo irracional, cada vez mais rápido e fugidio de grupos privilegiados.

A *supressão da legalidade, quando não da constitucionalidade dos velhos direitos sociais*, torna-se, nesta cena surreal (através de uma gigantesca montagem política e cultural) *um procedimento ordinário apresentado como momento culminante dos ideais contemporâneos.* Aquilo que deveria ser novas respostas da elite governante dentro do regime democrático, passa a ser impugnação dos velhos direitos duramente conquistados dos que "não compreendem as dificuldades do mundo atual". As medidas são sempre as mesmas, a saber, *mais* compressão salarial, *menos* direitos sociais e uma autonomia muito mais próxima da *intermitência e da meia-jornada* do que de oportunidades novas de trabalho.

V

A dialética democrática "emancipação-regulação" pode ser confinada em três grandes movimentos históricos, que nos ajudam a precisar a sua fase atual.

Essa é uma fase que evidencia os limites da forma histórica democrática no contexto da globalização tutelada pelo capital financeiro:

> No primeiro período, a emancipação foi sacrificada às exigências regulatórias dos Estados e confinada quase só a movimentos anti-sistémicos. No segundo período, a regulação estatal nos países centrais tentou integrar esses projectos emancipatórios e anti-sistémicos, desde que fossem compatíveis com a produção e a reprodução social capitalista; longe de se tratar de uma verdadeira síntese da regulação e emancipação, constituiu uma nítida subordinação dos projectos emancipatórios aos projectos regulatórios. No terceiro período, esta falsa síntese evoluiu para uma mútua desintegração da regulação e da emancipação; longe de beneficiar da desintegração da regulação fordista, a emancipação, entretanto transformada no duplo da regulação, não pôde senão desintegrar-se ela própria.[20]

O último discurso de Robespierre perante a Convenção, dois dias antes de ser executado (10 Termidor 1794) é uma peça dramática e brilhante. Radical, ao mesmo tempo perplexa e confusa sobre os destinos da Revolução. Não é difícil perceber através da retórica de Robespierre, em estado germinal, os impasses da dialética emancipação-regulação e da futura crise do sistema democrático contemporâneo.

Ele coloca-se em defesa da nação, da República, da Revolução. Mas fala para quem? Fala para o povo, em nome do povo. E, em nome deste, quer que a lei penal tenha "algo de vago, pois, sendo a dissimulação e a hipocrisia as características atuais dos conspiradores, é preciso que a justiça possa apreendê-los sob todas as formas".[21] Robespierre quer uma *imprecisão, próxima da desregulamentação do delito, para neutralizar os inimigos da nação e do Estado.*

Mais adiante, Robespierre que supunha encarnar no seu discurso o próprio Estado corteja diretamente o povo: "Povo, tu que és temido, bajulado, desprezado, tu, soberano reconhecido, sempre tratado como escravo, lembra-te: por toda a parte onde a justiça não reina, são as paixões dos magistrados que reinam, e de que o povo trocou de grilhões, e não de destinos."[22] Robespierre refere-se aqui ao *mesmo magistrado* que, segundo ele, *deveria lidar com leis penais "vagas"*. Mas como sair deste borgiano labirinto? Ora, com leis penais vagas qualquer magistrado pode emprestar uma força decisória *maior* à "paixão" e *menor* à razão: a *razão transformada em legalidade imprecisa adquire a sua carga regulatória especialmente no arbítrio.*

É através de uma abordagem racional do conflito entre emancipação e regulação — através do controle da legalidade e do exercício da violência legitimada — que os grupos e classes dominantes sempre desenvolveram suas políticas de coesão social mínima e de apropriação privada do Estado. Por essa abordagem racional é que também concederam avanços sociais importantes para as classes trabalhadoras.

Na questão dos limites da liberdade é que está a síntese da ambigüidade estrutural que percorre o Estado democrático, da democracia como ideologia e regime político, projeto de ordem fundador da emancipação. Qual é a ambigüidade? *O projeto democrático que não quer precisar os seus limites é, ao mesmo tempo, possibilidade de radicalização democrática e de totalitarismo.*

As crescentes regulações benéficas na sociedade capitalista, que foram concedidas ao povo real na experiência social-democrata, é o "Estado de Bem-Estar (que) materializa, na prática, de forma substantiva, a democracia formal".[23] Embora tenha sido uma experiência de *curta duração,* livre do assédio das elites que retomavam a ampliação dos seus privilégios de classe, o projeto social-democrata *afirmou* direitos, *humanizou* o cotidiano das classes trabalhadoras e também *alargou* politicamente a democracia.

Podemos perceber por isso mesmo que, para buscar alguma legitimação no mundo do trabalho, a reação neoliberal à social-democracia, também não pôde prescindir de uma certa "iconização" do povo, (que) "consiste em abandonar o povo a si mesmo".[24] Como? Agora endeusando-o não mais como *ser livre* e dotado de direitos sociais, mas como *consumidor livre,* congelada a democracia política nos seus limites puramente formais.

Em particular, o esquerdismo voluntarista que sacraliza o *movimento* e rejeita formas institucionais de protagonismo social e controle público, tem a mesma matriz ideológica do neoliberalismo. Tal esquerdismo hispostasia o povo "de forma pseudo-sacral",[25] para instituí-lo como padroeiro de uma distante revolução que o torna politicamente inofensivo no presente. (Não foi de graça que Hobsbawn disse que o neoliberalismo é uma espécie de anarquismo da classe média baixa.)

Assim, o *contribuinte-consumidor* alheio à política, ou o cidadão-político, *sem formas de exercício concreto de poder e ambos ineptos para exercer o poder-violência* (democraticamente constituído), trocam a sua condição de cidadão pela de consumidor (no neoliberalismo), e de cidadão pela de espectador do futuro (no esquerdismo voluntarista). Contribuinte-consumidor e cidadão-político, como povo ou classe, não exercem assim nenhuma influência direta sobre as decisões públicas: o cidadão-consumidor e o espectador da revolução futura não fazem a história no cotidiano. É uma mesma visão metafísica de democracia, que gera duas fontes de alienação política: *aquela que subsume a cidadania no exercício do consumo e aquela que se nega a produzir conquistas dentro da ordem.*

VI

Merece especial consideração para a crítica da democracia como regime o controle midiático, pois ele constrange os limites da cultura democrática atual e opera na debilitação da representação, fato que ocorre especialmente através da mídia mais massiva, a televisão. Não se trata de considerá-la um "quarto poder", mas do fato que a "televização do público indica que todos os poderes hoje estão formalizados pela televisão, isto é, que se exercem em virtude de uma formalização que lhes presta e proporciona o meio de comunicação".[26]

A filtragem dos fatos políticos, que é elaborada pela mídia, também foi responsável pelo enfraquecimento da democracia representativa nos seus moldes clássicos. Os representantes que se chocam com os interesses que ela reproduz, em cada conjuntura, correm o risco do permanente isolamento e da perda da capacidade de diálogo público ampliado. Considerando que este diálogo é fundamental, não só nos processos eleitorais mas também para os embates políticos de fundo, o papel da mídia não pode ser subestimado.

O reconhecimento da pluralidade e da conflitividade de opiniões e a abertura de canais para a sua expressão e a *formação de núcleos de produção e reprodução de uma opinião pública livre,* são fundamentais para a afirmação-superação da atual forma democrática. E ela só poderá ser obtida através de mecanismos de participação direta dos indivíduos isolados ou agrupados.

O exercício da cidadania não está destinado *a priori* a extinguir as desigualdades, mas pode mudar os seus padrões e abrir outras perspectivas para o futuro. Isso poderá ocorrer desde que se consigam sucessivos *consensos majoritários* sobre as *desigualdades máximas,* aceitáveis numa sociedade democrática e civilizada,[27] e sobre as *igualdades mínimas,* necessárias para criar uma coesão social não-manipulada.

A exacerbação de formas de democracia direta que combinem *estabilidade e previsibilidade* — regras do jogo firmes e contratos claros sobre os limites da utopia[28] — com a legitimação permanente dos conflitos e a aceitação de um certo grau de indeterminação sobre o futuro (ou seja, considerar os consensos como necessariamente provisórios) passa a ser o estatuto mais avançado da cidadania moderna. Trata-se da ousadia de "pensar que a história do homem sobre a Terra dispõe afinal das condições objetivas, materiais e intelectuais, para superar o endeusamento do dinheiro e dos objetos técnicos e enfrentar o começo de uma nova trajetória".[29]

A tarefa atual de radicalização da democracia, inclusive para não perdê-la para o autoritarismo e para combater o "fascismo societal" definitivamente destrutivo do humanismo moderno, passa por "construir uma relação de forças que permita desembocar em *decisões*. Esta é a condição do estabelecimento de uma verdadeira democracia que ... cubra o conjunto do espaço público, incluídos seus aspectos econômicos. Isto supõe uma cultura política e uma aprendizagem que nem sempre os movimentos sociais empreenderam, frente a uma verdadeira desvalorização da política".[30] Seu aprendizado deverá ser processualmente constituído, composto por sucessivas experiências de governo e poder.

A outra é a não-saída, que nos está sendo impingida pela ideologia neoliberal: *pragmatismo* perante o capital financeiro e seu imenso poder tutelar e regulatório; *aceitação* da miséria humana como uma determinação "natural" de uma fase de progresso; *acolhimento* da idéia democrática como uma relação quase lúdica, sem metas que não sejam as de manter as suas regras operantes com um mínimo de legitimidade; *despolitização* da política pela ditadura da economia e *desideologização* da cidadania, para que operem "a todo vapor" as determinações puramente mercantis, como se elas constituíssem "per se" um novo estágio civilizatório.[31]

Para combater as formas diretas de participação e decisão os liberais e os neoliberais abrigam-se em dois argumentos básicos: o crescimento da população depois das experiências da Antigüidade e a complexidade sociopolítica, para a tomada de decisões econômicas. Ambos os pontos de partida são verdadeiros e a forma mais adequada de fortalecê-los é a sua negação pura e simples. Ocorre que ninguém pode defender com seriedade nos dias de hoje qualquer espécie de Comuna de Paris rediviva. O que é possível defender racionalmente, exercitando-a primeiro a níveis locais e regionais, é a combinação da representação com a democracia direta.

Não é desconhecido que "a democracia direta caracteriza-se por elevados custos internos" (mas) "tais custos diminuem progressivamente à medida que a própria participação desenvolve e incorpora qualidades ético-cognitivas que melhoram as decisões e produzem uma menor necessidade de tomar outras".[32] As experiências participativas com o "retorno" das decisões que se integram como conquistas da vida cotidiana, o aprimoramento das técnicas decisórias, a incorporação das novas tecnologias informacionais e a formação de novas elites dirigentes (de extração popular direta) vão, paulatinamente, impondo-se como um aprendizado de longo curso. É um outro estágio do que ocorreu no longo período de formação das atuais elites profissionais que nos governam.

Deverá ser um longo aprendizado e um desenvolvimento que permita "uma combinação de estruturas em que as instituições da vida cotidiana sejam organizadas de maneira participativa, os meios de coordenação econômica e política o mais estreita e transparentemente associados a essas instituições, tanto quanto possível, e em que a estrutura legal seja decidida por um organismo o mais representativo possível".[33] Trata-se de abrir a possibilidade de um futuro indeterminado, que combine a *previsibilidade* da representação política, com a *indeterminação* originária da democracia direta. *É um futuro paulatinamente constituído pela evolução e por saltos, com formas experimentais e regulações combinantes.*

O vínculo atual entre soberania do mercado e democracia liberal é um vínculo forçado, "ideologizado", por uma racionalização comprometida com uma visão de mundo que optou pelos valores do mercado em oposição aos valores básicos do humanismo moderno. Em qualquer período histórico, grupos e classes sociais, blocos de classes, comunidades com certo destino comum, tendem a constituir um discurso determinado. É um discurso balizado pelos seus interesses ou ideais, que empresta uma certa organização e legitimação à sua cultura e aos vínculos sociais que a constituíram. Rapidamente as grandes disputas políticas formam blocos que, embora heterogêneos, têm laços mínimos de coesão social e política.

Essa tendência às vezes torna-se uma elaboração superior, coerente e com uma certa potência de hegemonia, a partir de condições sociais específicas e econômicas favoráveis. Às vezes a tendência esfuma-se, desaparece sem adquirir importância teórica ou sistematização filosófica. Em outras oportunidades, como ocorre atualmente, *o que é mera tendência torna-se operatividade e hegemonia, capaz de soldar relações sociais, propor políticas, legitimar comportamentos e também contribuir para a governabilidade. É o que ocorre hoje com a superioridade de meios e coerção que dispõe o neoliberalismo em escala planetária.*

Lembro Hobsbawm: "a soberania do mercado não é complemento da democracia liberal — é uma alternativa a ela. De fato, é uma alternativa a todo tipo de política, na medida em que nega a necessidade de serem tomadas decisões políticas, que são precisamente as decisões a respeito de interesses comuns ou de grupos, contrapostas à soma de opções, racionais ou não, de indivíduos que se norteiam por suas preferências particulares. A participação no mercado substitui a participação na política. O consumidor toma o lugar do cidadão".[34] A salvação da democracia é *mais democracia, não menos democracia*; precisamente para que os limites à autonomia e à liberdade, que devem existir em qualquer ordem, funcionem agora como *limites* às demandas do cidadão-economicista, e como *reforços* do protagonismo do cidadão-político, que quer ser sujeito do seu futuro e ajudar a construir o futuro do outro.[35]

A moldura institucional em que poderá ocorrer esse avanço deverá reduzir os "mecanismos de dominação no sistema de formação da vontade política" (Claus Offe), através de um outro sistema jurídico-político, que permita uma articulação da constituição programática com as instituições de controle social fora do Estado. Estas instituições inovadoras deverão ser impulsionadas pela participação direta dos cidadãos agrupados (conselhos, comissões de controle, grupos de delegação direta em assembléias) ou isolados (através dos plebiscitos, referendos, consultas), possibilitando a máxima consensualidade contra a ditadura do mercado, responsável pelo "grande medo comum contra o futuro incerto".[36]

Notas

1. O.M. Carpeaux, *Literatura alemã*. São Paulo, Nova Alexandria, 1994, p.142.

2. C. Offe, "A atual transição da história e algumas opções básicas para as instituições da sociedade", in L.C. Bresser Pereira, J. Wilhelm e L. Sola (orgs.), *Sociedade e Estado em transformação*, São Paulo/ Brasília, Unesp/ Enap, 1999, p.123.

3. N. Bobbio, *O futuro da democracia: Uma defesa das regras do jogo*, Rio de Janeiro, Paz e Terra, 2000, 4ª ed., p.27.

4. T.W. Adorno, *Tres estudios sobre Hegel*, Madri, Taurus, 1981, 3ª ed., p.109.

5. A. Gramsci, *Concepção dialética da história*, Rio de Janeiro, Civilização Brasileira, 1978, p.45.

6. M. Santos, *Por uma outra globalização: Do pensamento único à consciência universal*, Rio de Janeiro, Record, 2000, p.174: "A grande mutação tecnológica é dada com a emergência das técnicas da informação, as quais — ao contrário das técnicas das máquinas — são constitucionalmente divisíveis, flexíveis e dóceis, adaptáveis a todos os meios e culturas, ainda que seu uso perverso atual seja subordinado aos interesses dos grandes capitais. Mas, quando sua utilização for democratizada, essas técnicas doces estarão ao serviço do homem."

7. J.P. Diggins, *Max Weber: A política e o espírito da tragédia*, Rio de Janeiro, Record, 1999, p.119. Veja-se o seguinte diálogo que Weber travou com Ludendorff:

"*L.*: Qual é, então, a sua idéia de democracia? / *W.*: Em uma democracia, as pessoas escolhem um líder em quem confiam. Então, o homem escolhido diz: 'Agora calem a boca e me obedeçam. O povo e o partido não são mais livres para interferir nas decisões do líder.' / *L.*: Eu poderia gostar de tal 'democracia'! / *W.*: Mais tarde o povo poderá fazer um julgamento. Se o líder cometeu erros — fora com ele!"

8. Ibid., p.113.

9. K. Argüello, *O Ícaro da modernidade: Direito e política em Max Weber*, São Paulo, Editora Acadêmica, 1977, p.51.

10. M. Weber, *Parlamento e governo na Alemanha reordenada*, Petrópolis, Vozes, 1993, p.27.

11. C.B. MacPherson, *La democracia liberal y su época*, Madri, Alianza Editorial, 1997, p.15.

12. Ibid., p.113.

13. B.S. Santos, "Reinventar a democracia", *Cadernos Democráticos*, Lisboa, Fundação Mário Soares/ Gradiva, set 1998, p.63.

14. H. Kelsen, *Essencia y valor de la democracia*, México, Editora Nacional, 1974, p.138.

15. R. Luxemburgo, *Critica de la revolución russa*, Montevidéu, 1972, p.105.

16. B.S. Santos, "Reinventar a Democracia", op.cit., p.62.

17. M.E. Cevasco, Prefácio ao livro *A cultura do dinheiro: Ensaios sobre a globalização*, de F. Jameson, Petrópolis, Vozes, 2001, p.9.

18. E.L. Arruda Jr., *Direito e século XXI: Conflito e ordem na onda neoliberal pós-moderna*, Rio de Janeiro, Luam, 1997, p.63.

19. J.M. Gómez, *Política e democracia em tempos de globalização*, Petrópolis/ Buenos Aires/ Rio de Janeiro, Vozes/ Clacso/ LPP — Laboratório de Políticas Públicas, 2000, p.156.

20. B.S. Santos, *A crítica da razão indolente: contra o desperdício da experiência*, São Paulo, Cortez, 2000, p.164.

21. M. de Robespierre, *Discursos e relatórios na Convenção*, Rio de Janeiro, Eduerj/ Contraponto, 1999, p.195.

22. Ibid., p.202.

23. E. Altvater, "Os desafios da globalização e da crise ecológica para o discurso da democracia e dos direitos humanos", in *A crise dos paradigmas em ciências sociais e os desafios para o século XXI*, Rio de Janeiro, Contraponto, 1999, p.138.

24. F. Müller, *Quem é o povo: A questão fundamental da democracia*, São Paulo, Max Limonad, 1998, p.22.

25. Ibid., p.67.

26. M.J. de Parga, "Ideas para una democracia del siglo XXI", in *Democracia y sociedad: Vías de renovación del sistema democrático*, Madri, Complutense, 1996, p.17.

27. D. Zolo, "La ciudadanía en una era poscomunista", in *Revista La Política* n.3, Barcelona, Paidós, out 1997, p.119.

28. F. Serra, *Derecho y política*, Madri, 1998, p.143: "Ao término dessa 'história' do conceito de utopia vemos que se distanciou muito daquele sentido que teve na origem e apesar disso ainda tem validade na atualidade, na medida em que segue pondo em relevo as insuficiências do presente e o anseio de que talvez a história tenha um destino humano, que ainda seja possível a emancipação em algum momento da nossa evolução futura."

29. M. Santos, *Por uma outra globalização*, op.cit., p.173.

30. F. Houtart, "Sociedad civil y espacios públicos", in Manuel Monereo y Miguel Riera (orgs.), *Porto Alegre: Otro mundo es posible*, Barcelona, El Viejo Topo, 2001, p.115.

31. Ibid., p.125.

32. A.H. Colombo, *Desobediencia civil y democracia directa*, Madri, Trama Editorial y Prometeo Libros, 1998, p.115.

33. H. Wainwright, *Uma resposta ao neoliberalismo: Argumentos para uma nova esquerda*, Rio de Janeiro, Jorge Zahar, 1998, p.141.

34. E. Hobsbawm, "A falência da democracia", *Folha de S. Paulo*, Caderno Mais!, 9 set 2001, p.6.

35. F.K. Comparato, *A afirmação histórica dos direitos humanos*, São Paulo, Saraiva, 1999, p.413: "No plano da organização política estatal, a proteção da pessoa humana impõe o revigoramento da vida democrática, pela participação direta do povo nas grandes decisões governamentais, como previsto no art. XXI da Declaração Universal dos Direitos Humanos de 1948. A organização do regime representativo constituiu, sem dúvida, notável avanço político em relação aos regimes absolutistas do passado. Hoje, contudo, as instituições da democracia representativa encobrem com freqüência, sobretudo em países subdesenvolvidos, a efetiva perpetuação da oligarquia política e econômica".

36. J.M. Gómez, *Política e democracia em tempos de globalização*, op.cit., p.155.

JEKYLL OU HYDE?
UTOPIA E IGUALDADE NO PENSAMENTO DE ESQUERDA[1]

Héctor Ricardo Leis
Universidade Federal de Santa Catarina

I

> O futuro é impenetrável: essa é a lição dada pelas ideologias que pretendiam possuir as chaves da história. É verdade que às vezes o horizonte se cobre de signos: quem os traça e quem pode decifrá-los? Todos os sistemas de interpretação falharam. É necessário recomeçar e fazer-se a pergunta que se fizeram Kant e os outros fundadores do pensamento moderno. Por enquanto, não me parece temerário denunciar a superstição da história. Ela tem sido e é um grande armazém de novidades, umas maravilhosas e outras terríveis; também tem sido uma imensa adega onde se acumulam as repetições e as cacofonias, as fantasias e as máscaras. Depois das orgias intelectuais deste século é preciso desconfiar da história e aprender a pensar com sobriedade.
>
> Octavio Paz (1997: 150-1)

> O comunismo é mais perverso que o nazismo porque ele não pede ao homem que atue conscientemente como um criminoso, mas, ao contrário, se serve do espírito de justiça e de bondade que se estendeu por toda a terra para difundir em toda a terra o mal. Cada experiência comunista é recomeçada na inocência.
>
> Alain Besançon (2000: 64)

Pensar com sobriedade. Nada parece tão necessário, nem tão longe da matriz do pensamento moderno que esse desafio. Apesar das severas lições que nos deixaram as várias realizações das utopias no século XX, o pensamento contemporâneo continua ainda se debatendo contra esses fantasmas. Assim, podemos constatar que, embora um pouco mais modestas e dissimuladas que no passado, as orgias das quais falava Octavio Paz continuam na mente de muitos. Deveria chamar a atenção que, além da normal esperança das massas por um futuro melhor, o prestígio das utopias ainda se conserva quase intacto entre um grande número de membros dos centros universitários, dos meios de comunicação de massas e dos aparelhos de Estado do mundo ocidental. Um bom observador deveria concluir que este anacronismo do campo político-intelectual constitui uma verdadeira anomalia que obriga a pensar mais na questão.

Nossa primeira hipótese é que o segredo da persuasão das idéias de esquerda, apesar dos repetidos fracassos históricos de sua experiência prática, se deve, em parte, ao fascínio que exercem sobre o espírito humano as idéias que se apresentam envolvidas num halo de pureza e de simplicidade. De Platão até Marx, essas idéias têm sempre conseguido ganhar em popularidade daquelas que guardam menos distância com os fatos mundanos e, portanto, podem ser mais facilmente refutadas ou confirmadas por estes. Não é por acaso que os grandes movimentos de massas sempre construíram seus edifícios sobre princípios muito simples, que funcionaram melhor quanto maior era a complexidade — e até o caos — da realidade social e política (como aconteceu, por exemplo, com os movimentos totalitários em relação às idéias de raça, classe social ou revolução, em numerosos países da Europa nos anos posteriores à Primeira Guerra Mundial). Princípios esses que aparentam ter a capacidade de ancorar cada indivíduo de uma forma definitiva à realidade, mas que a rigor são absolutamente incapazes de estabelecer esse vínculo de uma forma que não seja profundamente ambígua. Inscrevendo-se na tradição do realismo, Norbert Elias (1991) convoca-nos para falar sem eufemismos, sem olhar para os desejos, especialmente quando se trata de enfrentar questões graves e urgentes da condição humana. Talvez o caso mais expressivo das dificuldades dos cientistas sociais contemporâneos, para perceber a realidade tal como ela é, esteja dada pela popularidade que ainda mantém nesse meio o pensamento de esquerda.

Apesar de estarmos vivendo numa época de extrema desigualdade social, paradoxalmente, a modernidade é de longe a época histórica de maior adesão simbólica e legal ao princípio de igualdade como norma reguladora universal da vida social moderna. Por mais bizarra que possa parecer, nossa suspeita é que esses fatos não estão desconexos, na medida em que esse estendido igualitarismo funciona como impedimento para a vigência de um Estado de direito realista e responsável, baseado na igualdade ante a lei, que nos parece ser o único inibidor provado contra o crescimento excessivo da desigualdade social. Como Elias (1991), acreditamos que ainda quando os seres humanos estão marcados pela retórica da verdade, com freqüência muitos deles ficam com medo e recuam frente a ela quando esta apresenta um mundo que não corresponde a suas expectativas. Essa intuição de Elias é particularmente válida em momentos de grandes transformações sociais e tecnológicas como o atual. Nessas circunstâncias pode-se verificar que a ampla maioria dos seres humanos resiste a aceitar que as coisas deixaram de ser como elas eram. As hipóteses aqui levantadas se apóiam nos pressupostos anteriores: quanto maior a complexidade da condição humana, acreditamos que mais aumenta a força das tendências idealistas ou utópicas. Independentemente do conteúdo ético-moral dessas tendências, elas devem ser interpretadas como riscos de conseqüências difíceis de prever para a dinâmica social e política, a qual requer sempre fortes doses de realismo para que seja possível conduzir ações capazes de corrigir eventuais rumos indesejados. Muitos dos dilemas do pensamento de esquerda derivam, precisamente, desse qüiproquó: por um lado, a ação social "progressista" procura sua justificação na utopia, mas, por outro lado, esta ação torna-se possível apenas quando se estrutura sobre fatos e perspectivas realistas. Nessas circunstâncias, podemos concluir que a idealização ou a mistificação exagerada da realidade nos distancia da possibilidade de influir sobre ela, submetendo-nos a aventuras perigosas ou ao determinismo ("reacionário") dos fatores estruturais que se pretendia evitar. Em outras palavras, as mudanças profundas da condição humana são portadoras de dilemas extremamente difíceis de compreender e enfrentar, na medida em que polarizam as opções e tendências idealistas — embora fortemente motivadoras para a ação —, por um lado, e as realistas — escassamente motivadoras —, por outro.

Uma hipotética pesquisa de opinião entre cientistas políticos, para saber quais foram os acontecimentos mais importantes do século XX, mostraria um espectro de respostas agrupadas em torno de três grandes eixos históricos. Primeiro, no início do século, a Primeira Guerra Mundial e a Revolução Russa; logo, na metade do século, o triunfo dos Aliados na Segunda Guerra Mundial e o começo da Guerra Fria; e, por último, no final do século, a dissolução da União Soviética e o fim da Guerra Fria. Esses fatos políticos foram históricos no melhor sentido da palavra, depois deles nada continuou sendo como era antes. A maior ou menor importância eventualmente atribuída a algum desses acontecimentos pelos hipotéticos entrevistados não impede reconhecer que os três descrevem perfeitamente o estranho périplo da experiência da esquerda no século XX.

Não interessa aqui interpretar o sentido último desse ciclo de acontecimentos — que para alguns poderia ser o "fim da história" e para outros o começo de mais uma "nova história" —, mas apenas constatar que a entrada e a saída da política de esquerda do grande cenário mundial não foram acompanhadas por um movimento intelectual que revisasse os fundamentos do pensamento de esquerda com igual ou parecida intensidade à de odisséia tão tremenda. Concordamos com Bobbio (1995) quando assinala que o igualitarismo é o eixo central do imaginário da esquerda — o qual, segundo ele, abrange desde o comunismo até a esquerda liberal e a social-democracia. Acreditamos, portanto, que o fato de não ter revisado princípios como os de utopia e de igualdade implica para o pensamento de esquerda um descolamento ainda maior do que já havia da realidade, assumindo implicitamente que o fracasso de sua densa experiência histórica até o presente foi apenas um vendaval que levou algumas telhas, mas que não existe nada de errado com as fundações de seu edifício.

Certamente, os russos começaram o século XX demonstrando que é possível mudar as coisas. Eles levaram a cabo uma revolução mais do que justificada do ponto de vista da injustiça social predominante na Rússia czarista. Mas os revolucionários que finalmente tomaram o poder não queriam apenas fazer justiça em tempo presente e decidiram fazer também justiça em tempo futuro. Isto é, decidiram colocar a revolução ao serviço de uma utopia fortemente igualitária que prometeu o paraíso, mas de fato construiu o inferno. Resulta assim bastante estranho comprovar que, apesar do século XX ter sido marcado pela presença de fortes pensadores de esquerda, este périplo foi realizado graciosamente, sem qualquer balanço por parte deles de sua própria responsabilidade como intelectuais. Resulta mais fascinante ainda comprovar que não apenas a esquerda não possui uma reflexão apropriada, mas os cientistas sociais e políticos também não acharam conveniente parar demasiado para pensar sobre o tema. Assim como, em seu momento, os gulags não chamaram excessivamente a atenção, a atual sobrevivência dos ícones totalitários do comunismo, em numerosos lugares do planeta — Brasil inclusive —, ou as aberrações que levam a muitos na esquerda a preferir a companhia de um terrorista, como Bin Laden, à de um presidente eleito democraticamente, como Bush, também não parecem chamar a atenção das ciências sociais neste começo do século XXI.

Qualquer leitor atento da história do século XX está obrigado a registrar não apenas as omissões do pensamento de esquerda frente ao totalitarismo vindo de seu próprio campo, mas também as tentativas de justificação dessa barbárie feitas por destacados intelectuais.[2] Sobretudo, a partir dos anos 1930, o cenário político nos apresenta intelectuais de esquerda que não falam o que pensam, nem fazem o que falam, ou pior, que trocaram sem avisar e, às vezes, sem eles mesmos percebê-lo, suas posições ideológicas com as da direita. Cabe então perguntar-nos por que, em relação ao comunismo — e ao socialismo também, obviamente —, pessoas inteligentes acreditam que a realidade produzida em seu nome não pode afetar o prestígio ou o valor da própria idéia? Uma conclusão talvez não tão óbvia seria pensar que isso acontece porque essas pessoas estão hierarquizando o mundo das idéias por cima da realidade concreta. Em relação ao comunismo existe na sociedade contemporânea um senso comum bastante estendido que estabelece uma dicotomia perceptiva que não se apresenta em relação ao nazismo. Quando se pergunta pelo nazismo, o senso comum não vacila um instante e, unindo imediatamente idéias e realizações, emite um juízo definitivo contra esse fenômeno. De fato, o nazismo não criou obstáculos epistemológicos para relacionar suas idéias com suas realizações. Porém, não acontece o mesmo com as idéias de esquerda. Embora tenham perdido a centralidade que já tiveram na vida política mundial, as idéias do comunismo e do socialismo apresentaram ao longo do século XX um apelo que ainda permanece em numerosos lugares, apesar dos monstruosos fracassos que produziram ao longo do século.

As diferenças analítico-perceptivas que existem em relação ao comunismo e ao nazismo são relevantes porque através delas podemos entender melhor os problemas do próprio pensamento de esquerda. Indo ainda mais longe, podemos observar que, apesar da enorme distância que se registra entre os juízos de valor que o senso comum lhes atribui, existe uma notável convergência entre os modos de abordar os fenômenos do nazismo e do liberalismo, por um lado, e o comunismo por outro. No primeiro caso, a mentalidade contemporânea parece registrar e avaliar idéias e realizações em forma simultânea, em contraste do que faz com o comunismo, onde hierarquiza as idéias em detrimento das realizações. Um contra-argumento razoável para opor a esta interpretação seria dizer que isto depende dos juízos de valor preexistentes nos observadores — isto é, se o observador é nazista, liberal ou comunista terá percepções diferentes dos fenômenos mencionados. Mas este contra-argumento não conseguiria explicar a anomalia que supõe que movimentos tão antagônicos — como o liberalismo e o nazismo — sejam abordados a partir dos mesmos pressupostos epistemológicos. Em outras palavras, a curiosa convergência analítico-epistemológica que se encontra no senso comum da mentalidade contemporânea, na hora de avaliar o liberalismo e o nazismo por oposição ao comunismo e ao socialismo, poderia ser explicada levando em conta as diferentes cargas utópicas das idéias que estão por trás desses fenômenos. Nossa hipótese é que a maior hierarquia das idéias de esquerda em relação à realidade, em contraste com as idéias de centro ou de direita, deve-se ao fato de que as primeiras possuem uma carga utópica melhor equipada do ponto vista ético do que as outras.

Infelizmente, os comentários anteriores nos levam a não compartilhar o desânimo de Jacoby (1999), quando faz um inventário exaustivo das diversas correntes do pensamento de esquerda contemporâneo, pós-Muro de Berlim, para concluir afirmando que vivemos o fim da utopia. Na sua opinião, a causa desse fim reside no esgotamento de alternativas políticas frente ao avanço avassalador do mercado. De nossa perspectiva, ele confunde o fim das utopias com o triunfo do capitalismo, mas igualmente chama a atenção que Jacoby levante uma hipótese como essa botando a culpa basicamente no capitalismo, ao invés de revisar os vínculos desse pensamento com sua experiência histórica. O fato que a crítica ao totalitarismo tenha vindo principalmente do pensamento conservador (ver entre outros Popper, 2002; Arendt, 1973; Aron, 1997) é certamente uma evidência da existência de um buraco negro no campo do pensamento de esquerda. Vejamos, senão, a aplicação de duas varas e duas medidas para avaliar os crimes dos regimes totalitários. Recentemente, um trabalho cuidadoso de um grupo de cientistas sociais franceses calculou que, no século XX, o comunismo levou deliberadamente para a morte entre 85 e 100 milhões de pessoas (Courtois, 1999). Os intelectuais de esquerda pouco ou nada argumentaram contra ou a favor dos dados oferecidos por esse livro e o assunto foi rapidamente minimizado ou esquecido.[3] Besançon (2000) refe-se a duas causas possíveis para esse esquecimento. Isso pode partir de uma simples preguiça em examinar os fatos ou, também, de uma rejeição para examinar a própria cumplicidade ativa ou passiva com os responsáveis e/ou com suas idéias. É evidente que a segunda causa vai mais ao fundo do problema. Os crimes do nazismo não contaminavam suas vítimas, nem seus observadores, com sua visão de mundo, mas não é este o caso dos crimes da esquerda. A utopia da esquerda — da qual o comunismo participa como sua expressão histórica mais relevante — é cativante porque é ética. Aron (1997) assinala corretamente o paradoxo dos crimes do regime comunista na Rússia terem surgido de um ideal humanitário. Se o fim era criar a sociedade mais igualitária, perfeita e humana que a história já conheceu, nenhum meio podia ser julgado indevido ou improcedente. O dilema da utopia percebe-se aqui com toda clareza. Quanto maior é a "pureza" da utopia, maior será a dificuldade de avaliar o resultado de uma ação orientada por ela. Tanto o nazismo como o liberalismo — ainda que em muito menor medida — propõem utopias defeituosas do ponto de vista de uma ética universal. Mas a utopia de esquerda, pelo contrário, em virtude de seus atributos atrai poderosamente os homens de bem. Por isso, ainda aceitando — como hipótese — o suposto que o nazismo superou ao comunismo no grau de perversão de seus crimes, este último superou ao primeiro na capacidade de destruição da base ético-epistemológica que uma sociedade necessita para evoluir historicamente. Isso torna a herança do comunismo muito mais pesada e grave para o mundo contemporâneo que a do nazismo, na medida em que confunde os espíritos dos homens de bem. Como comenta Besançon (2000: 54): "Tornar maus homens bons talvez seja mais demoníaco que tornar piores homens já maus." Ainda que a experiência totalitária seja apenas uma das alternativas práticas possíveis do pensamento de esquerda, o dilema se coloca em todas as suas variantes. Na medida em que o pensamento de esquerda tende a perverter o princípio de realidade com o terrível peso de sua carga utópica de "bem", sua herança para a política torna-se ambígua e potencialmente perigosa.

A política está obrigada a valorizar e respeitar os meios de ação e a trabalhar de forma realista no horizonte do presente, elaborando com responsabilidade a passagem do passado para o futuro. Mas o pensamento utópico se nutre de força para agir através da negação do passado e até do próprio presente, apontando permanentemente para um objetivo fixado rigidamente num futuro longínquo. Como observam Berlin (1991) e Jonas (1995), entre outros, as utopias são religiões do futuro; isto é, elas exigem de seus partidários que considerem o futuro como um bem fora de discussão, o qual será sempre melhor que o presente. Esta afirmação dogmática de uma certeza colocada num futuro que nunca chega não contribui em nada para um agir responsável, muito pelo contrário, é um chamado para a violência totalitária (Popper, 1994; Maffesoli, 2001).

II

> Muitos homens dizem que querem saber a verdade, que querem saber como é, efetivamente, o mundo em que vivem. No entanto, observando com mais rigor, revela-se com freqüência que o mundo, tal como ele é realmente, está longe de corresponder aos desejos humanos. Quando se apercebem disso, muitos homens ficam assustados com a verdade e recuam. Preferem embalar-se nos seus sonhos e enganar-se a si próprios. Esta é, de fato, uma das questões centrais da existência humana: será que se quer ver o mundo, na medida do possível, como ele é realmente, mesmo quando se revela pouco satisfatório do ponto de vista emocional, e se verifique que não está feito como se desejaria? Ou preferiremos envolver-nos nos nossos desejos e ideais como num agasalho quente que nos protege do frio da vida, correndo o risco de que a realidade não desejada irrompa um dia, subitamente, nos sonhos acalentadores, de modo a termos depois de continuar a viver amargurada, desiludida e cinicamente dos sonhos perdidos e dos ideais carcomidos e despedaçados?
>
> Norbert Elias (1991: 15-6)

> A igualdade de condições, embora seja certamente uma exigência básica para a justiça, está entre as maiores e mais incertas aventuras da humanidade moderna. Quanto mais iguais são as condições, menos explicação se encontra na sociedade para as diferenças que de fato existem entre as pessoas; e assim ainda mais

> desiguais se tornam os indivíduos e grupos. ... Sempre que a igualdade se torna um fato mundano em si mesmo, sem nenhum padrão pelo qual possa ser medida ou explicada, então há uma chance em cem de que simplesmente seja reconhecida como um princípio regulador da organização política, que outorga direitos iguais a pessoas desiguais; e há noventa e nove chances para que seja confundida com uma qualidade inata de todo indivíduo, que é "normal" se for como todo o mundo e "anormal" se for diferente.
>
> Hannah Arendt (1973: 54)

Em momento de grave crise, quando o tecido social se esfacela, os problemas fundamentais de uma sociedade tornam-se patentes (ou, pelo menos, mais patentes que em épocas de relativa estabilidade).[4] A intuição de Max Weber, de que os valores e idéias que impulsionam os seres humanos para a ação estão além de qualquer justificação racional, é tão genial quanto pouco aproveitada (Weber, 1981). A mentalidade moderna parece sentir-se mais confortável ignorando o caráter "demoníaco" das bases que sustentam as sociedades. A recriação da ordem, que demanda uma crise profunda como as padecidas atualmente por muitas sociedades periféricas, mal poderia ser definida com base exclusiva em propostas racionais da economia ou da política — a Argentina talvez seja o melhor exemplo, próximo do Brasil, desta dureza "irracional" dos acontecimentos. Curiosamente, os elementos não-racionais são geralmente deixados de lado na hora de avaliar as urgências do presente. Porém, se esse esquecimento não parece fazer grande diferença em épocas normais, torna-se fundamental nos momentos de crise (Voegelin, 1952; Pareto, 1917).

A análise da dinâmica geral de uma sociedade não pode então abordar os dados observados na superfície da realidade sem considerar também o conjunto de elementos simbólicos e afetivos que condicionam a ação dos indivíduos e sua compreensão da sociedade. Em conseqüência, as sociedades devem ser entendidas tanto na sua dimensão subjetiva como objetiva, focalizando muito especialmente a particular combinação e adequação de uma dimensão com a outra. Assim, os valores fundacionais de uma sociedade podem ser aptos para organizar e desenvolver seus diversos componentes humanos e naturais em certa época histórica, mas não em outra. Pretender que no Egito antigo os valores democráticos tivessem alguma capacidade para organizar a sociedade, nesse lugar e momento histórico, é praticamente a mesma ilusão que pretender hoje, no mundo do século XXI, que a utopia comunista ou a visão teocrática do islamismo possuam alguma capacidade efetiva para organizar a sociedade moderna. É evidente, então, que o sucesso ou fracasso de uma nação dependerá, em grande medida, da aptidão política e social dos valores e sentimentos convocados, nos momentos decisivos de sua história, para produzir a unificação consensual das vontades individuais e setoriais em torno de uma mentalidade e de regras, instituições e autoridades com capacidades para enfrentar os desafios e desenvolver as próprias potencialidades existentes.

No seu livro *Para a genealogia da moral,* Nietzsche introduz com muita agudeza um conceito filosófico-psicológico no campo histórico-social (Nietzsche, 1978). Pela primeira vez, de forma consistente, são apresentados elementos para explicar a vida social a partir de uma história dos sentimentos. Em princípio, Nietzsche ocupa-se com o ódio e o conjunto de seus derivados — ciúme, vingança, inveja etc. Mas não é qualquer ódio que lhe interessa, senão aquele próprio dos seres inferiores que é transformado em ressentimento através de uma sugestiva operação, primeiro de negação, e depois de transformação num valor "positivo". Esse ódio reprimido, que transforma a fraqueza em amor à justiça e a inferioridade em doutrina moral é o alvo da crítica nietzschiana à condição humana na civilização ocidental. A importância do ressentimento para pensar a sociedade moderna encontrou eco em destacados autores como Max Scheler (1998) e Norbert Elias (1997 e 2001), entre outros. Na literatura posterior a Nietzsche, o conceito de ressentimento se amplia adotando uma maior diversidade de enfoques. Para o autor de *Para a genealogia da moral,* a decadência do ocidente está baseada no crescimento do ressentimento dos fracos e dos vencidos, que germina e circula pelos movimentos que reivindicam desde o igualitarismo e a revolução até a democracia e o socialismo. Mas em Scheler e em Elias o ressentimento separa-se dos pressupostos antiocidentais de Nietzsche para vincular-se a outras civilizações e também aos setores sociais dominantes, quando eles são desafiados pelos dominados. Desde Aristóteles (1958) até Hannah Arendt (1959) foram inúmeros os autores que destacaram a centralidade dos sentimentos e práticas de reciprocidade, existentes entre os membros de uma comunidade (*philia,* em grego clássico), para o estabelecimento de um bom governo. Porém, são poucos os autores que utilizam o conceito de ressentimento para analisar os pressupostos da relação entre a sociedade e o estado moderno.

Uma leitura "aristotélica" de Nietzsche permitiria imaginar a existência de um grande déficit nas ciências sociais contemporâneas. Depois dos gulags do comunismo e dos campos de extermínio do nazismo, e agora, mais recentemente, dos episódios de guerras civis étnico-religiosas e do terrorismo suicida do fundamentalismo islâmico (para citar apenas alguns dos itens mais destacados do cardápio do último século), é difícil não concordar com Nietzsche sobre a importância do fenômeno do ressentimento. Mas, se concordamos com a intuição nietzschiana, estamos sendo autorizados a suspeitar que a não visualização da importância do fenômeno do ressentimento, por parte do *mainstream* das ciências sociais contemporâneas, torna irrealistas muitas das teorias vigentes, levando-as implicitamente a defender posições que contribuem pouco para a governabilidade democrática (no sentido de deslegitimar o papel da autoridade política e de dificultar o funcionamento dos canais de reconhecimento e de representação que vinculam a sociedade ao Estado). Em outras palavras, as ciências sociais estão nos devendo uma releitura do papel histórico das posições que — como o lobo do chapeuzinho vermelho — radicalizam o princípio de igualdade para, supostamente, melhor atender às necessidades da democracia. A história exibe boas razões para suspeitar que as conseqüências práticas dessa radicalização apontam mais para o ressentimento que para a reconciliação e o reconhecimento mútuo entre os atores, inviabilizando assim o avanço da democracia que aparentemente seus defensores colocam como objetivo prioritário. Em forma direta ou indireta, por esse caminho acaba-se reforçando o ressentimento, fazendo que os indivíduos e os atores que se sentem insatisfeitos, ao invés de olhar primeiro para sua própria responsabilidade, sejam levados imediatamente a pensar que a culpa é dos "outros", a sentir que sofreram uma ação produzida por estruturas ou sujeitos "maus".

Naturalmente, o ressentimento também pode ser sintoma de um problema do qual a vítima é completamente inocente. Mas não parece ser necessário ter que demonstrar que, em qualquer hipótese, a análise crítica deve colocar a máxima distância possível entre o ressentimento dos atores e a solução político-institucional do problema. No entanto, numerosos atores da sociedade contemporânea parecem viver no limbo dos paradoxos: quanto mais acreditam que seu acionar ajuda ao fortalecimento da democracia, maior é o quantum de ressentimento que introduzem no tecido social e, em conseqüência, maior é o dano que fazem às bases de governabilidade existente. Ou, em outros termos, quanto maior a reivindicação de inocência e falta de responsabilidade de indivíduos ou grupos frente a seu baixo desempenho social e político, maior será o ódio e menor a capacidade da sociedade para construir mecanismos e regras de Estado com validade universal. O ódio recalcado gera desejos de vingança que, independentemente dos méritos do objetivo que permitiria tal vingança, são portadores de atitudes e valores incompatíveis com as bases da política (na medida em que a luta política exige uma escolha entre os vários argumentos colocados em jogo, mas essa escolha precisa da existência de uma comunidade política com capacidade para perdoar — faculdade oposta à vingança —,[5] para que as decisões tomadas recebam legitimidade e possam realmente ter alguma expectativa de sucesso).

O ressentimento parece operar de forma relativamente inversa ao reconhecimento — entendido este, esquematicamente, como a satisfação do indivíduo com sua identidade e o próprio desempenho nas diversas esferas de sua existência, acompanhada pela aprovação do grupo social no qual está imerso; (ver Taylor, 1993; Todorov, 1996; e Honneth, 1996).[6] Um pressuposto deste ensaio é que, dentre os processos elementares da vida social moderna, os de reconhecimento e os de ressentimento destacam-se com a mesma intensidade. Em maior ou menor grau, as experiências do reconhecimento e do ressentimento abrangem todas as esferas da vida social numa complexa dialética. Os caminhos que possibilitam uma ou outra experiência variam segundo as circunstâncias, os indivíduos e as culturas. Mas tanto uma como outra são constitutivas da condição humana moderna. A partir do momento que vivemos numa sociedade de indivíduos torna-se inevitável lutar pela própria existência, e as contingências da luta definem uma sociabilidade que contém, lado a lado, componentes de reconhecimento e de ressentimento. Embora ambos surjam no mesmo contexto social, o peso de cada um na dinâmica global de cada sociedade é diferente. Uma sociedade que opera com um máximo de reconhecimento e um mínimo de ressentimento garante uma governabilidade democrática, assim como, no caso contrário, um máximo de ressentimento e um mínimo de reconhecimento são uma condenação segura à desordem e ao autoritarismo. Curiosamente, apesar de sua proximidade, a literatura trata geralmente esses aspectos por separado. Mas esta separação talvez não seja casual, em certa forma é compreensível que se faça o possível para que a sociedade moderna não perca "pontos" na comparação com a pré-moderna. Como juntar um fenômeno "mocinho", como o de reconhecimento, que não é difícil constatar que germina sem problemas no velho mundo das relações hierárquicas, com outro "bandido", como o de ressentimento, que se reproduz como erva daninha no novo mundo das relações igualitárias?

Não são poucos os autores que observaram que as sociedades estruturadas sobre princípios hierárquicos — como a Índia do sistema de castas ou as sociedades ocidentais pré-modernas — produzem um quantum menor de ressentimento entre seus membros, quando comparada com qualquer sociedade democrática moderna (ver, entre outros Tocqueville, 1979; Scheler, 1998; Todorov, 1996; Dumont, 1992). As enormes distâncias existentes entre os universos simbólicos dos diversos setores sociais que compõem uma sociedade hierárquica permitem que os indivíduos procurem e encontrem o reconhecimento nas proximidades de seu grupo social e/ou de pertença mais íntimo, fazendo com que os valores possíveis do processo de reconhecimento oscilem em torno de medidas muito próximas das já vivenciadas em seu universo simbólico. Enquanto isso, numa sociedade fundada sobre o princípio de igualdade — como no caso das sociedades modernas —, a busca por reconhecimento parte de um universo simbólico de diferenças mínimas e se projeta a um todo de diferenças concretas enormes, que tanto dificulta os processos de reconhecimento como facilita os de ressentimento.

Afirmadas sobre um universo simbólico igualitário, as instituições da sociedade moderna enfrentam sérias dificuldades para encontrar mecanismos consensuais de reconhecimento do mérito, assim como para administrar e combater o ressentimento gerado em seu interior.[7] Isto obriga, certamente, a se repensar o pensamento de esquerda na sociedade contemporânea. Ao contrário do que julga o senso comum, parece-nos que o igualitarismo não pode separar a promoção da justiça social da geração de ressentimento. Inversamente, o pensamento conservador — que nunca deveria ser confundido com o da direita — apresenta-se como uma força relativamente indiferente à injustiça social, mas moderadora dos fatores do ressentimento, em virtude de sua maior aceitação das desigualdades e das diferenças.[8]

Segundo Elias (1997 e 2001), o processo de ressentimento desenvolve-se a partir de uma frustração que pode expressar-se tanto em relação aos superiores — a moral de escravos de Nietzsche —, como aos supostamente inferiores — ressentimento dos nazistas com os judeus —, mas exigindo em todos os casos a diminuição ou aplastamento do valor do indivíduo. Essa questão é central, já que permitirá a Elias convergir com Nietzsche num aspecto fundamental da análise do fenômeno do ressentimento. As diferenças sobre a sua direção — para cima ou para baixo da escala social —, apresentam-se como secundárias em relação a uma mistificação do coletivo que o coloca acima do individual. Não são sentimentos individuais, mas coletivos, os que se tornam fontes potenciais da patologia do ressentimento. Ou melhor, são as emoções e os sentimentos associados à construção de uma memória coletiva os que hoje engrandecem o ego individual e amanhã o frustram. Não é o idealismo individual o que está na base do ressentimento, mas o idealismo coletivo, derivado de uma forte utopia — que pode ser tanto social, como nacional, racial ou religiosa. Em outras palavras, por trás do ressentimento se situa sempre uma memória mítica de fatos, valores e sofrimentos, que é imposta aos indivíduos como verdade irrecusável.

Desde a análise de Tocqueville sobre a *Democracia na América* (1979) sabemos que o desejo de igualdade possui uma ânsia devoradora que ameaça a liberdade e a sociabilidade humana em geral. A grande intuição de Nietzsche foi consolidar essas observações em torno de uma crítica ao próprio desejo de igualdade como expressão de ressentimento. No entanto, sabemos que não são poucos os autores que resistem a condenar o igualitarismo. Rawls (1981) e Walzer (1997) encontram-se certamente, entre os representantes mais lúcidos desta corrente. Eles argumentam convincentemente no sentido contrário a Nietzsche, isto é, que o igualitarismo é uma tentativa para fugir das condições de desigualdade que geram sentimentos negativos como o ressentimento. Porém, é interessante destacar que nem mesmo autores como Rawls e Walzer podem deixar de aceitar que em determinadas circunstâncias o igualitarismo aparece associado intimamente à inveja ou ao ressentimento.[9] Não pretendemos entrar no debate para saber se é primeiro o ovo ou a galinha. Para o desenvolvimento de nosso argumento é suficiente saber que tanto os defensores como os críticos do igualitarismo reconhecem que existe um vínculo histórico-existencial entre o igualitarismo e o ressentimento. Isto permite justificar perfeitamente uma hipótese não essencialista sobre a relação entre ambos. Não é necessário, portanto, demonizar o igualitarismo, mas chamar a atenção para o fato que a desmedida e/ou a indefinição dos horizontes sobre os quais se projeta o desejo de igualdade — tentações permanentes do pensamento de esquerda — são produtores seguros de ressentimento, na medida em que essas circunstâncias condenam o desejante igualitário a um estado de frustração permanente, por conta deste nunca poder realizar plenamente seu desejo. Portanto, quanto mais utópico ou radical for o desejo de igualdade, maior será o ressentimento resultante. Parece razoável concluir também que essa situação se potencializa quando os indivíduos são submetidos ainda à lavagem cerebral de uma memória mítica grandiosa que os isenta de qualquer responsabilidade, seja pela desigualdade existente, seja pelo fracasso de suas tentativas para superá-la.

Hannah Arendt (1973) dá uma descrição abrangente das desventuras da idéia de igualdade na sociedade moderna. De acordo com ela, a idéia de igualdade se perverte precisamente na sua extensão do campo político para o social — tal como demanda enfaticamente o pensamento de esquerda —, porque nesse instante já não existem mais obstáculos que impeçam sua naturalização. A partir do momento que a igualdade passa a ser exigida também no campo social, ela vai perdendo o caráter artificial que tinha no campo político. Nesse contexto — onde a igualdade passa ser aceita como natural —, todas as diferenças entre os indivíduos — inclusive as baseadas no mérito —, tornamse fontes ameaçantes de inveja e ressentimento. O ponto principal a ser destacado aqui é que a naturalização do princípio da igualdade introduz no seio da sociedade moderna uma lógica perversa que, paradoxalmente, ameaça as bases do reconhecimento social. Porém, se a desnaturalização da hierarquia, conseguida através dos livros dos iluministas e da guilhotina[10] dos revolucionários, abre o caminho para a igualdade, disso obviamente não se deduz que a produção de ressentimento deva ser associada à instauração da igualdade jurídica. O ressentimento não procede da prudência daqueles que colocam a lei por cima dos homens, senão da utopia exagerada que não permite subordinar a ação à lei, desqualificando a igualdade jurídica ao tratá-la como formalidade ou passo intermediário para chegar à utópica igualdade "final" (Fernández de la Mora, 1984).

III

Como mais um exemplo de que a vida gosta de imitar a arte, o pensamento de esquerda no mundo contemporâneo participa de dilemas com ressonâncias clássicas na literatura:

> Sentia agora que devia escolher entre as duas. Minhas duas naturezas tinham recordações em comum, mas todas as outras faculdades estavam divididas entre ambas em forma desigual. Jekyll (que era composto), ora com as mais sensíveis apreensões, ora com um prazer voraz, se projetava e compartia os prazeres e aventuras de Hyde. Porém, Hyde era indiferente a Jekyll, ou senão o lembrava como o bandido da montanha lembra da caverna na qual se esconde quando é perseguido. Jekyll sentia mais que o interesse de um pai; Hyde sentia mais que a indiferença de um filho. Permanecer definitivamente como Jekyll significava renunciar a esses apetites que havia admitido em segredo durante muito tempo e que tardiamente tinha começado a praticar. Unir-me a Hyde implicava condenar à morte um milhar de interesses e aspirações e converter-me, de uma vez e para sempre, em alguém desprezível e sem amigos. O acerto parecia desigual; mas havia ainda algo mais a considerar: enquanto Jekyll podia sofrer habilmente o fogo da abstinência, Hyde jamais teria consciência do que havia perdido. Estranhas como eram minhas circunstâncias, os termos da discussão são tão antigos e habituais como o próprio homem. A maioria das mesmas motivações e preocupações marcam a sorte de qualquer pecador tentado e atemorizado, e me aconteceu, como acontecia à ampla maioria de meus semelhantes, que escolhi a melhor parte, mas carecia da força para sustentá-la.
>
> Robert Louis Stevenson (1886: 123-4)

Referências bibliográficas

Ansart, P., "História e memória dos ressentimentos", in S. Bresciani e M. Naxara (orgs.), *Memória e (res)sentimento.* Campinas, Unicamp, 2001.

Arendt, H,. *The Human Condition.* Nova York, Doubleday Anchor Books 1959.

_____, *On Revolution.* Nova York, The Viking Press ,1970.

_____, *The Origins Of Totalitarianism.* Nova York, HBJ,1973.

Aristóteles, *The Politics*. Nova York, Oxford University Press, 1958.
Aron, R., *Democracy and Totalitarianism*. Ann Arbor, University of Michigan Press, 1997.
Barbosa, L., *Igualdade e meritocracia*. Rio de Janeiro, Ed. da FGV, 2001.
Benjamin, W., "On some motifs in Baudelaire", in: *Iluminations*. Londres, Fontana, 1973.
Berlin, I., *Limites da utopia*. São Paulo, Companhia das Letras, 1991.
Besançon, A., *A infelicidade do século*. Rio de Janeiro, Bertrand Brasil, 2000.
Bobbio, N, *Direita e esquerda*. São Paulo, Unesp,1995
Bruseke, F.J., "O discurso da igualdade: anotações sobre o politicamente correto", Manuscrito, 2001.
Courtois, S. et al., *O livro negro do comunismo*. Rio de Janeiro, Bertrand Brasil, 1999.
Deleuze, G., *Nietzsche y la filosofía*. Barcelona, Anagrama, 1971.
Dumont, L., *Homo hierarchicus*. São Paulo, Edusp, 1992.
Elias, N., *A condição humana*. Lisboa, Difel, 1991.
_____, *Os alemães*. Rio de Janeiro, Jorge Zahar, 1997.
_____, *Norbert Elias por ele mesmo*. Rio de Janeiro, Jorge Zahar, 2001.
Fernández de la Mora, G., *La envidia igualitaria*. Barcelona, Planeta, 1984.
Honneth, A., *The Struggle for Recognition*. Cambridge, The MIT Press, 1996.
Jacoby, R., *O fim da utopia*. Rio de Janeiro, Record, 1999.
Jonas, H., *El principio de responsabilidad*. Barcelona, Herder,1995.
Koestler, A., *Le zero et L'Infini*. Paris, Calmann-Lévy, 1946.
Leis, H R., "Sobre o ressentimento e os argentinos", in *Novos estudos* nº 64, 2002.
Maffesoli, M., *A violência totalitária*. Porto Alegre, Sulina, 2001.
Marx, K., *Manuscritos econômico-filosóficos*. São Paulo, Abril Cultural, col. Os Pensadores, 1978.
Nietzsche, F.W., *Para a genealogia da moral*. São Paulo, Abril Cultural, col. Os Pensadores,1978.
Orwell, G., *1984*. Nova York, Harcourt Brace Jovanovich, 1949.
Pareto, V., *Traité de sociologie générale*. Paris, Payot, 1917.
Paz, O., *La llama doble*. Barcelona, Galaxia Gutenberg, 1997.
Pierucci, A.F., *Ciladas da diferença*. São Paulo, Editora 34, 1999.
Popper, K., *O racionalismo crítico na política*. Brasília, UnB, 1994.
_____, *The Open Society And its Enemies*. Londres, Routledge, 2002.
Rawls, J., *Uma teoria da justiça*. Brasília, UnB, 1981.
Scheler, M., *El resentimiento en la moral*. Madri, Caparrós Editores, 1998.
Stevenson, R. L., *Strange Case of Dr. Jekyll and Mr. Hyde*, Londres, Longman, 1886.
Taylor, C., *El multiculturalismo y la "política del reconocimiento"*. México, FCE, 1993.
Tocqueville, A., de. *Democracia em América*. São Paulo, Abril Cultural, col. Os Pensadores, 1979.
Todorov, T., *A vida em comum*. Campinas, Papirus, 1996.
Voegelin, E., *The New Science of Politics*. Chicago, The University of Chicago Press, 1952.
Walzer, M., *Las esferas de la justicia*. México, FCE, 1997.
Weber, M., *Economía y sociedad*. México, FCE, 1981.
Zawadzki, P., "O ressentimento e a igualdade", in: S. Bresciani e M. Naxara (orgs.), *op. cit.*, 2001.

Notas

1. Trabalho apresentado no GT "Teoria Social e Transformações", *XXVI Encontro Anual da ANPOCS*, Caxambu (MG), 22 a 26 de outubro de 2002. Héctor Ricardo Leis é professor do Programa

de Pós-Graduação em Sociologia Política e do Programa de Pós-Graduação Interdisciplinar em Ciências Humanas da Universidade Federal de Santa Catarina. Email para contato: hector.leis@brturbo.com.

2. Para dar uma idéia do peso dos intelectuais que justificaram o totalitarismo comunista mencionemos, entre muitos outros, os nomes de Lukacs, Sartre e Merleau-Ponty. Lembremos também que as escassas obras que se animaram a criticar o stalinismo desde o campo da esquerda, como *O zero e o infinito*, de Koestler (1946) e *1984*, de Orwell (1949), por exemplo, tiveram muito mais impacto fora do campo da esquerda que dentro.

3. Besançon (2000: 63-4) comenta que um editorialista do jornal comunista *L'Humanité* declarou à televisão que 80 milhões de mortos não manchavam em nada o ideal comunista. Acrescentando que depois de Auschwitz não se pode mais ser mais nazista, mas depois dos gulags pode-se perfeitamente continuar sendo comunista.

4. Seguem-se aqui algumas das idéias desenvolvidas pelo autor em outros trabalhos. Ver em particular Leis, 2002.

5. Hannah Arendt nos lembra, em *A condição humana*, que o perdão [*forgiveness*] é o oposto exato da vingança (Arendt, 1959).

6. Myrian Sepúlveda dos Santos me chamou a atenção para a proximidade conceitual que existe entre minha compreensão da relação entre reconhecimento e ressentimento e a compreensão de Benjamin (1973) sobre sistemas de percepção. Segundo Benjamin, quando respondemos a um estímulo não ficamos com traços dele, mas quando não somos capazes de responder eles nos invadem e deixam marcas.

7. Como exemplo das dificuldades existentes para reconhecer o mérito no Brasil, inclusive em instituições declaradamente meritocráticas como as universidades. Ver Barbosa, 2001.

8. Embora discordando de Pierucci (1999) por sua identificação do conservadorismo com a direita, consideramos extremamente oportuna sua chamada de atenção para o fato de que essas forças assumiram a defesa das diferenças sociais muito antes da esquerda.

9. Mesmo Marx (1978), o campeão mundial do igualitarismo moderno, não conseguiu evitar relacionar a inveja a certas formas de igualitarismo, como o comunismo primitivo ou vulgar.

10. Sobre a igualdade e sua relação com a guilhotina ver Bruseke, 2001.

Os limites da democracia

Og F. Leme
Instituto Liberal do Rio de Janeiro

> Parece ser o curso normal do desenvolvimento da democracia que, após um primeiro período glorioso em que é compreendida e atua efetivamente como salvaguarda da liberdade pessoal por aceitar as limitações de um *nomos* superior, ela venha mais cedo ou mais tarde a se arrogar o direito de decidir qualquer questão específica de qualquer maneira que a maioria determine.
>
> F.A. Hayek.[1]

Estou perplexo com algumas reações pessoais ao atual [2003] conflito no Iraque. Não me refiro às reações populares que, ao contrário do que se diz, são geralmente destituídas de informação, razão e coerência; nem às reações da esquerda que pouco vão além de chavões antiamericanistas e deformações da realidade. Tenho em mente as opiniões de analistas profissionais de diferentes campos do conhecimento, ministros de Estado e mesmo chefes de governo, todos eles sempre com a mesma preocupação: o futuro da democracia no Iraque. Não notei até agora qualquer preocupação com o futuro da liberdade dos iraquianos, com a sua prosperidade ou com as duas principais instituições preservadoras desses valores, o Estado de direito e a economia de livre mercado.

A democracia é de enorme importância e é certamente a melhor maneira que já se encontrou de organizar o processo político. Mas não é solução para todos os problemas da vida em sociedade; nem é a mais importante das instituições. Essa distinção cabe ao Estado de direito, do qual dependem, para sua eficácia e eficiência, tanto a economia de mercado quanto a democracia. A primeira é o palco das decisões individuais; a segunda, das decisões coletivas (políticas).

Na realidade, eu não deveria estar perplexo ou surpreendido, pois essas reações citadas no primeiro parágrafo constituem uma das marcas do nosso tempo. Por deformarem o conceito de democracia, talvez pudéssemos chamá-las de "democratose" ou "democratice". Atualmente associa-se democracia com liberdade em seu sentido mais amplo, e sugere-se, com forte dose de convicção, que a democracia é a instituição mais importante do processo criador da riqueza das nações. Há mesmo quem defenda a prática democrática em organizações sociais incompatíveis com ela como são, por exemplo, as empresas privadas. Há uma verdadeira e irresistível paixão pelo assembleísmo como método decisório, criando situações esdrúxulas de alto custo social, como as observadas nas universidades públicas, que acabam dando ao voto do encarregado pela higiene dos banheiros o mesmo valor do voto do professor de física. Há, enfim, lamentável e preocupante perversão da regra da maioria que, aplicada sem limites, leva à ditadura da maioria.

A democracia identifica-se muito mais com o ideal da igualdade do que com o ideal da liberdade. E a igualdade requer mais governo para que desiguais tornem-se iguais ou menos desiguais, ao passo que a liberdade exige menos governo, de modo a diminuir as ameaças à autonomia individual. É exatamente por isso que democracia e liberalismo constituem uma díade em permanente tensão antitética, convite tentador para o conflito manifesto, conforme nos mostra tão bem Norberto Bobbio em seu excelente *Democracia e liberalismo.*

Exemplo recente dessa relação conflituosa nos dá a história dos Estados Unidos dos anos 1930 aos nossos dias: a partir do *New Deal*, do presidente Roosevelt, a prática da democracia política tem comprometido os valores liberais dos *Founding Fathers*, conforme nos mostram, por exemplo, os trabalhos da Escola das Escolhas Públicas [*Public Choice*] liderada por James Buchanan e seus colegas.[2] A experiência norte-americana sugere que de fato ainda não se inventou um meio constitucional eficaz de proteger a liberdade contra os exageros da prática democrática. Mas parece cada vez mais clara a conveniência da redução do escopo das tarefas do governo e, portanto, da redução do processo político de decisões coletivas, qualquer que seja a forma que ele tome, a democrática inclusive.

A defesa da liberdade está na eficácia do Estado de direito e de sua companheira ideal, a economia de mercado. Isso não é suposição ou ato de fé, decorre da evidência empírica.[3]

O mesmo se pode dizer da prosperidade e de suas raízes: não é a democracia que gera a riqueza dos povos, é a eficácia do Estado de direito e da economia de mercado, conjuntamente com um capital humano educado e sadio. Sem ser uma democracia, Hong Kong foi um dos campeões do crescimento econômico no século XX. A Índia, a maior democracia do mundo, ao contrário, foi, até recentemente, exemplo de atraso econômico.

A prática democrática não é compatível com a organização e o funcionamento de instituições "fechadas" do tipo *praxis*, de acordo com a nomenclatura de Hayek,[4] que têm propósitos próprios aos quais se subordinam seus membros, e que operam na base de ordens, instruções e palavras de comando que incidem de cima para baixo. Nesses tipos de sociedade, seus membros estão a serviço das finalidades da sociedade. Aqui não faz sentido a prática democrática, especialmente a do assembleísmo como meio de tomada de decisões.

A democracia é uma maneira de organizar-se o processo político de *decisões coletivas*, por meio do qual os membros de uma comunidade decidem como se fossem uma unidade. É o método apropriado para o funcionamento de uma sociedade "aberta", que não tem objetivos próprios além da manutenção de uma ordem geral na qual os indivíduos, estes sim, possam formular e buscar seus objetivos em liberdade e segurança. Esse tipo de sociedade (*kosmos* na terminologia de Hayek) está, então, a serviço dos membros que a integram; ela não funciona na base de ordens ou comandos, e sim de leis gerais de justa conduta, abstratas e prospectivas que não privilegiam nem discriminam (princípio da isonomia). Essas leis fluem de baixo para cima e são geradas espontânea e anonimamente no seio da sociedade. Nesse tipo de organização, os problemas dependem de dois tipos de soluções: *coletivas*, tipificadas pela prática política, e *individuais*, exercidas pelos cidadãos no seu dia-a-dia, em suas atividades domésticas, profissionais, nos clubes, na família e principalmente no mercado. Essas decisões individuais dispensam a presença do governo ou as requerem em apenas pequenas doses, especialmente para a manutenção da ordem e da segurança pública.

Mas os partidários da panacéia democrática, aparentemente indiferentes a essas ponderações, continuam a advogar a desnecessária politização da solução de problemas passíveis de soluções individuais, a despeito da evidência dos fatos, de acordo com a qual o processo político é tão importante quanto problemático, conseguindo ser o mais precário dos processos sociais. Não decorre dessa constatação, obviamente, a sugestão de supressão do processo político, e sim o seu encolhimento, de acordo com a idéia de um *Estado mínimo* que concede o máximo possível de tarefas ao mercado e o mínimo de responsabilidades ao governo, isto é, ao processo político democrático de decisões coletivas. Essas responsabilidades se referem a bens públicos, externalidades — positivas e negativas —, monopólios técnicos e, finalmente, a alguns problemas originários de carências informativas. Conceder ao processo político e ao governo mais responsabilidades do que as mencionadas significa para a comunidade, na prática, perder em liberdade e prosperidade. As tentativas de levar práticas políticas democráticas a instituições incompatíveis com elas — empresas, famílias e clubes — podem deturpar a organização desses grupos sociais e comprometer o seu funcionamento.

Idênticas conseqüências decorrem da prática inadequada do assembleísmo e da adoção sem limites da regra da maioria. Os leitores certamente se lembrarão do ridículo que resultou da tentativa bem-intencionada, mas absurda, da "democracia corintiana". Essa sandice, levada às suas últimas conseqüências lógicas, chegaria ao absurdo, por exemplo, de se escolher por votação, num jogo de futebol, o cobrador da penalidade máxima. Por sua vez, a decisão com base na maioria de votos pode levar à "ditadura da maioria", se não forem estabelecidos limites à sua prática. Isto é, a maioria deve ser obrigada a respeitar certos valores, princípios e direitos, a fim de que a própria democracia não feneça.

Minha preocupação com a visão meio delirante do processo democrático, que chega a vê-lo como panacéia, tem razão de ser porque a sua institucionalização leva à substituição progressiva das decisões individuais de mercado por decisões democráticas, isto é, políticas. Ora, a politização exagerada da vida social pode levar, no limite, ao totalitarismo. Mesmo em sua versão mais "light", que é a social-democracia, a politização da vida social pode comprometer a liberdade econômica e, como esta é condição necessária (se bem que insuficiente) da liberdade política, pode levar a uma socialização suave mas suficiente para acabar comprometendo a liberdade política e, em seguida, a própria liberdade individual em seu sentido mais amplo. E como a liberdade econômica é uma das condições do crescimento econômico, acaba-se afinal comprometendo a prosperidade material de toda a sociedade.

Que se deve entender por democracia e quais são os limites do processo político de decisões coletivas?

A democracia é uma forma de organização do processo político que procura dar ao povo os poderes coercitivos do Estado e ensejar eleições periódicas capazes de escolher com legitimidade os representantes desse mesmo povo no exercício daqueles poderes. A democracia não se aplica a sociedades fechadas tipo *taxis* (na terminologia de Hayek), como empresas, forças armadas ou famílias.

Quais são os problemas que requerem as soluções coletivas do processo político da democracia? Qualquer sociedade apresenta sempre dois grandes grupos de problemas: os que podem ser solucionados por *decisões individuais* e os que requerem *decisões coletivas*. A democracia se aplica exclusivamente ao segundo grupo de problemas.

Então, a fim de conhecermos os limites da jurisdição do processo democrático de decisões coletivas, precisamos saber quais são os problemas passíveis de decisões individuais eficazes e que, portanto, dispensam o processo político. Tenho em mente, nestas notas, exclusivamente os problemas econômicos, aqueles que decorrem da livre interação dos agentes econômicos no seio do mercado.

Para que o mercado funcione com eficiência, certas condições devem ser satisfeitas: direitos de propriedade eficazes e claramente definidos, regras do jogo que assegurem um ambiente competitivo, preços relativos capazes de espelhar com fidelidade os graus de escassez de bens e serviços, custos de transação não-impeditivos, divisibilidade do lado da oferta e da procura, suficientes informações e, finalmente, a possibilidade de os agentes econômicos absorverem tanto os benefícios como os custos de suas ações no mercado.[5]

É sabido pelos economistas que às vezes não são satisfeitas todas as condições requeridas para o bom funcionamento do mercado. Há alguns bens — como, por exemplo, segurança pública e defesa do território nacional — que são indivisíveis na oferta e na procura. Além disso, são bens que, ao serem "consumidos" por alguém, não diminuem a quantidade à disposição das outras pessoas. Nesses casos, não há como o mercado ditar a cada consumidor o preço correspondente à aquisição da quantidade individualmente desejada, nem como o mercado cobrar de cada consumidor a quantidade desejada por ele. Os bens e serviços com essas características são denominados *bens públicos*, havendo consenso na teoria econômica de que eles devem ser prestados pelo governo e, portanto, submetidos ao processo político de decisões coletivas.

Outro grupo de problemas econômicos que geralmente requerem alguma dose de presença estatal no mercado é o das chamadas *externalidades* que podem ser *positivas* ou *negativas*. São positivas quando a ação de um agente econômico produz benefícios para outrem, sem que o responsável por eles possa ser compensado pelos benefícios gerados. Há, no caso, uma diferença entre custos sociais e custos individuais, entre benefícios sociais e benefícios individuais. A educação básica, a saúde pública e a pesquisa científica são expressivos exemplos de externalidades positivas. A ação complementar por parte do governo se justificaria em tais casos porque os benefícios sociais delas decorrentes seriam supostamente menores do que a comunidade desejaria.

Há externalidades negativas quando a ação de um agente econômico impõe custos a outrem. Os exemplos mais conhecidos são os da poluição e da extinção de certas espécies animais (baleias, tartarugas etc.) Ao contrário do que acontece nos casos de externalidades positivas, nas circunstâncias das externalidades negativas a sociedade, sem a participação do governo, poderia acabar tendo mais poluição e extinção de certas espécies animais (ou vegetais) do que seria aceitável. Sabe-se hoje que esse assunto tem sido vítima de críticas exageradas por parte dos integrantes dos movimentos ambientalistas, mas, exageros à parte, o fato é que em várias situações a intervenção do governo é justificável, da mesma maneira que não o é em outras. Sabem atualmente os economistas que boa parte dos problemas de externalidades negativas pode ser solucionada por decisões individuais de mercado, desde que duas condições sejam atendidas: que haja direitos de propriedade claramente definidos e eficazes, e que os custos de transação não sejam proibitivos. No caso dos animais em extinção, a importância dos direitos de propriedade é de fácil entendimento. Basta que nos perguntemos por que, por exemplo, os búfalos estão em extinção nos Estados Unidos, ao passo que continua crescendo o estoque de gado bovino; ou por que em alguns países africanos os elefantes estão ameaçados de extinção, enquanto crescem os seus estoques em outros países daquele continente. A resposta é a existência ou não de direitos de propriedade. Os salmões tiveram sua ameaça de extinção afastada quando os criadores encontraram meios de cultivá-los com pleno usufruto dos respectivos direitos de propriedade.

Resumindo, tanto no caso das externalidades positivas como no caso das negativas, que constituem campo amplo para a intervenção estatal na economia de mercado, três fatores são de fundamental importância: 1) a diferença entre benefícios sociais e individuais, entre custos sociais e individuais; 2) de direitos de propriedade; 3) custos de transação.

Um terceiro grupo de problemas especiais amplia ainda mais a possibilidade da intervenção estatal na ordem econômica. São os chamados *monopólios técnicos* ou *naturais* que, devido a peculiaridades por parte da sua oferta, tendem a concentrar a produção de certos bens ou serviços nas mãos de um só agente (monopólio propriamente dito) ou de um grupo reduzido deles (oligopólio). Ferrovias, água, luz, telefonia são alguns exemplos clássicos de monopólios técnicos. A intervenção estatal em tais casos se justifica para evitar eventuais abusos do poder econômico. A importância do problema dos monopólios técnicos tende a diminuir com o tempo, devido às inovações tecnológicas que transformam em competitivas atividades antes tidas como monopolísticas. O exemplo recente talvez mais expressivo dessa possibilidade de mudança ocorreu no campo das comunicações em geral e particularmente no caso da telefonia.

Uma última classe de problemas pode eventualmente criar espaço para a presença do governo e do processo político no mercado: insuficiência de informações. Alega-se que quando isso ocorre, o governo deve intervir para restaurar o equilíbrio no campo dos custos/benefícios sociais individuais através de regulamentação. É exatamente disso que George Stigler trata em seu livro *The Citizen and the State*.

O argumento da carência de informações para justificar a substituição do mercado pelo processo político perde muito de sua força se atentarmos para o fato de que o mundo político é pelo menos tão carente de informações quanto o mercado.

Tentei dar aos leitores uma visão resumida do que seria a divisão de tarefas entre os setores público e privado numa ordem econômica liberal. Terão constatado que é extenso o campo de ação governamental numa economia de livre mercado. É exatamente dentro desses limites que tem lugar o processo político de decisões comunitárias. Os demais problemas econômicos podem, então, em princípio, ser solucionados pela livre interação dos agentes particulares no mercado.

Isso posto, a pergunta que se impõe é a seguinte: se já é tão extenso o terreno para a ação governamental genuína, por que delegar mais problemas para o setor público quando sabemos que ele é sabidamente menos eficiente do que o mercado e com irresistível vocação para a fraude e a corrupção?

Alega-se que o mercado é imperfeito e, assim sendo, deve ser substituído ou complementado pelo processo político. É claro que o mercado tem falhas, como as tem qualquer obra gerada pela imperfeição humana. Ocorre, contudo, que o processo político também é resultado da ação humana e, na realidade, tem muito mais falhas do que o mercado.

Não disponho de espaço aqui para entrar em detalhes sobre tão polêmico assunto, mas eu gostaria de chamar a atenção dos leitores para a grande injustiça que corriqueiramente se comete quando se critica o mercado por suas supostas imperfeições. Para que o entendimento da minha argumentação torne-se mais fácil, convido os leitores a terem em mente a economia brasileira.

Peço desculpa pela analogia prosaica que citarei a seguir, mas ela é expressiva demais para não ser lembrada: quem adquire uma geladeira, não deve esperar que com ela possa aparar a grama do jardim. Analogamente, não se deve esperar que o mercado solucione problemas para os quais não foi criado, como são as questões arroladas nos quatro grupos de problemas, isto é, bens públicos, externalidades, monopólios naturais e situações de carência informativa.

Além disso — e continuando com a analogia — para que a geladeira do nosso exemplo possa fazer bem o que dela se espera, algumas condições devem ser cumpridas: se a geladeira for elétrica, a casa que vai abrigá-la deverá dispor de energia elétrica; a geladeira deve ser ligada na tomada; o termostato deve estar funcionando bem, em harmonia com o marcador de temperatura interna e a temperatura ambiente. E assim por diante.

Para que o mercado opere com eficiência, algumas condições deverão ser atendidas: os direitos de propriedade devem ser bem definidos e eficazes, o sistema de preços deve sinalizar com fidelidade e sem impedimento o grau relativo de escassez de bens e serviços, deve prevalecer o regime concorrencial etc. Uma simples inspeção da economia brasileira nos indicará rapidamente que os direitos de propriedade são mal definidos e violados freqüentemente, os preços sofrem intervenções de parte das autoridades econômicas etc.

No caso dos desvios sofridos pelo mecanismo de preços, basta que nos lembremos do seguinte: três dos preços mais importantes de qualquer ordem econômica são a taxa de câmbio, a taxa de juros e os salários. Alguém tem dúvida de que os três têm seu comportamento em grande medida determinado pelas nossas leis, regulamentos e o arbítrio das autoridades?

A situação não é menos grave com os direitos de propriedade. Sua titularidade formal é mantida, mas seu uso é conduzido pelo Estado por meio de regulamentos, benefícios fiscais e creditícios, subsídios etc. A própria Constituição se encarrega de freqüentemente agredi-los.

Uma das funções da economia de mercado é o expurgo da ineficiência. No caso brasileiro, freqüentemente o governo intervém para evitar falências empresariais. O exemplo mais recente diz respeito à ajuda oficial às empresas aéreas Varig e TAM.

Parece-me importante atentar para o fato de que a economia de mercado se insere num panorama institucional maior configurado pelo Estado de direito. A entidade superior do Estado de direito limita os poderes coercitivos das autoridades públicas, zela pelo princípio da igualdade dos cidadãos diante da lei (isonomia) e pela eficácia da justiça, de forma a tornar respeitáveis os direitos fundamentais à vida, à liberdade, à propriedade privada e à busca autônoma da felicidade pessoal. Da eficácia do Estado de direito depende a eficiência da economia de mercado.

Lamentavelmente, não temos de fato um Estado de direito em nosso país. A própria Constituição se encarrega de agredir o princípio da isonomia concedendo privilégios, discriminando, criando pseudodireitos e aviltando direitos de propriedade. E nosso sistema judiciário, por sua vez, além de lento, enseja a impunidade e é de difícil e caro acesso para a maioria dos brasileiros.

A atmosfera institucional que decorre desse quadro compromete a eficiência da economia de mercado.

Procurei mostrar neste artigo que, a despeito de a democracia ser a melhor maneira conhecida de se organizar o processo político de decisões coletivas, ela deve ter limites. Isto é, não deve substituir o processo de decisões individuais, pois isso significa comprometer a eficiência econômica e ameaçar a própria liberdade individual.

Notas

1. F.A. Hayek, *Direito, legislação e liberdade*, São Paulo, Visão, 1985, vol.III, p.6.

2. Ver, p.ex., J. Buchanan, *The Theory of Public Choice* (Ann Arbor, The University of Michigan Press, 1984). Uma boa introdução ao assunto é o livro de Tullock, Seldom e Brady, *Government Failure* (Washington, D.C., Cato Institute, 2002).

3. Ver G.W. Scully, *Constitutional Environments and Economic Growth* (Princeton, Princeton University Press, 1992), e Robert J. Barro, *Determinants of Economic Growth: A Cross-Country Empirical Study* (Massachusetts, The MIT Press, 1997). Muito interessantes são os relatórios anuais sobre liberdade e crescimento econômico editados pela Heritage Foundation (Washington, DC) e o Fraser Institute (Vancouver, Canadá): *Index of Economic Freedom* e *Economic Freedom of the World*.

4. F.A. Hayek, *Direito, legislação e liberdade*, op.cit., vol.III.

5. Ver M. Friedman, *Capitalism and Freedom* (Chicago, The University of Chicago Press, 1962), e George Stigler, *The Citizen and the* State (Chicago, The University of Chicago Press, 1975). Para os leitores não-economistas, esclareço que custos de transação são todas as despesas a serem adicionadas ao preço do bem transacionado, e que correspondem a gastos incorridos para que a operação de compra-e-venda pudesse ser feita.

Democracia e liberdade:
as escolhas de muitos, as decisões de poucos

Alberto Oliva
Universidade Federal do Rio de Janeiro

> A liberdade, Sancho, é um dos mais preciosos dons que aos homens concederam os céus; a ela não podem igualar-se os tesouros que a Terra contém ou os que o mar encobre; pela liberdade, assim como pela honra, a vida pode e deve correr riscos, e, ao contrário, o cativeiro é o maior mal que pode suceder aos homens.
> (Miguel de Cervantes, *D. Quixote de la Mancha*)

Assim como até os saberes desprovidos de cognitividade tentam se fazer passar por ciência, os regimes políticos, mesmo que tirânicos, procuram se apresentar como democráticos. Há empregos da palavra democracia que não se constrangem em subordinar a etimologia e a semântica à ideologia. É inegável que a busca de definições precisas fica prejudicada quando os componentes descritivos se misturam com os prescritivos. Isto, no entanto, não é justificativa para frouxidões conceituais motivadas por astúcia ideológica. Dependendo do ideal de democracia acalentado, a realidade pouco poderá dele se aproximar. Por essa razão, Rousseau (1912, p.280) afirma que *a prendre le terme dans la rigueur de l'acception, il n'a jamais existé de véritable démocratie, et il n'en existera jamais*. Como é sempre possível desejar uma democracia diferente da que tem sido praticada, em qualquer discussão sobre o tema não há como deixar de especificar que tipo de experiência histórica se está invocando e a que modelo se está recorrendo.

A democracia é defendida de modo conseqüencialista quando se apontam, à luz da evidência histórica, os bons resultados que gera tanto no plano da vida individual quanto no da coletiva. Há dados que tornam patente a barbárie gerada por regimes inequivocamente antidemocráticos. Dos 170 milhões de pessoas mortas em situações de não-beligerância — governantes eliminando opositores — nos primeiros oitenta anos do século passado, 99%

ocorreram em regimes autoritários e totalitários. Em seu livro *A intolerância*, o ex-ministro sueco Per Ahlmark mostra que, de 1815 até hoje, das 353 guerras ocorridas não há caso em que duas democracias tenham entrado em guerra uma contra a outra. Mas pode-se também defender a democracia caracterizando-a como um conjunto de valores e práticas que se impõe por si mesmo. O importante é ter presente que a argumentação *teleológica* a favor da democracia pode complementar a *deontológica* e vice-versa.

Macpherson (1977, p.78) assinala que a teoria tradicional de Mill, levada para o século XX por escritores como A. Lindsay e Ernest Barker, atribui à democracia uma dimensão moral ao vinculá-la ao aprimoramento da humanidade enquanto que Schumpeter e Dahl a tratam como um mecanismo cuja função essencial é a de manter em equilíbrio o sistema político. Ao rechaçar, em *Capitalism, Socialism and Democracy*, a idéia de que a democracia é um fim em si mesmo, Schumpeter define-a como um método político, um certo tipo de arranjo institucional que permite — por meio da competição por votos entre políticos profissionais — chegar a decisões políticas, legais e administrativas.

Não se pode qualificar um sistema político de mais (ou menos) democrático que outro sem que se recorra, ao menos implicitamente, a um tipo-ideal de democracia. Se a democracia é associada a diferentes, e até conflitantes, tipos de ordem política e social, é natural que se acirre a disputa em torno do que *deve ser*. Levando isto em conta, este trabalho perfilha a concepção madisoniana de democracia. De forma esquemática, pode-se dizer que há duas concepções de democracia em disputa. Uma se preocupa com a redução do tamanho do governo por se mostrar sensível aos perigos intrínsecos a todas as formas de poder e autoridade ao passo que a outra propugna por uma expansão das tarefas governamentais em nome, por exemplo, da edificação de uma sociedade "mais justa e igual". Não concordamos em atribuir a condição de democrática à forma de governo que leva à expansão e concentração dos poderes em detrimento das escolhas e iniciativas individuais. Rejeitamos o emprego de "democracia" como uma palavra-ônibus capaz de abarcar desde a democracia norte-americana até os regimes fechados de partido único que se autodeclararam, no século passado, "democracias populares". Como bem observa Sartori (1988a, p.25), "se o termo democracia pode ser utilizado para representar entidades antitéticas e dignificar práticas opostas acaba se revelando desprovido de significado".

A hipertrofia estatal, como ficou evidenciado com o socialismo real, provoca a supressão do que a democracia pode ter de mais sagrado. O fato é que subsiste uma nítida incompatibilidade entre democracia e concepção coletivista de sociedade (cf. Oliva, 1999). Conferir primazia ontológica, ética e política ao Todo acarreta inevitavelmente o encolhimento da liberdade e da autonomia das partes. Como lembra Bobbio (1997, p.22), a democracia nasceu de uma concepção individualista de sociedade oposta à concepção orgânica dominante na Idade Antiga e na Idade Média. A guinada ocorreu, como ele frisa, com a entrada em cena da visão de que a sociedade, especialmente a sociedade política, é um produto artificial da vontade dos indivíduos.

Socialistas e comunistas sempre reduziram a democracia política a uma peça fundamental da superestrutura dedicada a conferir legitimidade à exploração econômica. Desqualificada como mecanismo político submetido à "lógica" da dominação de classe, perde seu valor intrínseco. Subjacente a este tipo de avaliação está a total subordinação da política à economia. O processo social que não se reproduz fundado na total igualdade material entre os homens precisa de artifícios políticos como o da democracia para institucionalizar a dominação econômica. Baseados neste tipo de diagnóstico, os projetos revolucionários devotados a eliminar os componentes burgueses e capitalistas da sociedade nunca hesitaram em imolar a democracia. Para que idealizar uma democracia não-capitalista se, com o socialismo, desaparece a razão econômica, a única ontologicamente determinante, que levou à criação política do esbulho democrático?

> À democracia estribada no princípio da maioria, depreciada como democracia formal ou burguesa, os marxistas opõem a democracia social ou proletária, isto é, uma ordem social que garantiria aos indivíduos não só uma participação, formalmente igual, na formação da vontade da coletividade, mas também uma igual quantidade de riqueza. Esta posição deve ser rechaçada de modo absoluto. É o valor da liberdade e não o da igualdade que determina, em primeiro lugar, a idéia de democracia. (Kelsen, 1966, p.101)

Já se disse com propriedade que a primeira lição da economia política é a da escassez disputada por alternativas e a da política é a de esquecer a primeira lição da economia política. Uma forma de desmoralizar a democracia é, em seu nome, fazerem-se reivindicações que extrapolam os domínios de sua competência, de tal forma que se são atendidas provocam a pane no sistema e se não o são passa-se a acusá-la de só ter valor formal ou até de compactuar com as iniqüidades sistêmicas. É comum apregoar-se que nas democracias burguesas há liberdade no reino da política e escravidão no da economia e que, por isso, o fundamental é instaurar a completa igualdade material entre os *socii*. Contra esse tipo de argumentação cabe registrar que

> A luta pela democracia é historicamente uma luta pela liberdade política, vale dizer, pela participação do povo nas funções legislativa e executiva. A idéia de

> igualdade, distinta da idéia de igualdade formal na liberdade, de igualdade de direitos políticos, nada tem a ver com a idéia de democracia ... A igualdade material ... pode até ser mais bem alcançada num regime ditatorial, autocrático, que num regime democrático ... A teoria marxista ... pretende substituir a ideologia da liberdade pela da justiça servindo-se da palavra "democracia". (Kelsen, 1966, p.101-2)

Por ser um gigantesco processo de escolha, a economia de mercado pode ser tomada como paradigma do funcionamento democrático. Como bem salienta Mises (1990, p.267-8), o consumidor determina por meio de suas compras, ou de sua abstenção de compra, o que deve ser produzido, em que quantidade e com que qualidade. Os empresários estão obrigados, pela instrumentalidade dos lucros e dos prejuízos, a obedecer às ordens dos consumidores. Na opinião do grande economista austríaco, só conseguem sucesso as empresas que oferecem da melhor maneira possível, e da forma mais barata, os bens e serviços que os compradores mais desejam adquirir. As que fracassam em satisfazer ao público sofrem perdas e finalmente são obrigadas a encerrar seus negócios. Na economia de mercado, a propriedade privada é um serviço público que impõe aos donos a responsabilidade de utilizá-la em prol do melhor interesse do consumidor soberano. E arremata: "é isto que querem dizer os economistas quando afirmam que a economia de mercado é uma democracia na qual cada centavo é um direito ao voto. Por essa ótica, a economia de mercado aprofunda, e com muito mais eficiência, a democracia política.

À diferença do que ocorre nas economias de mercado, no processo político democrático o eleitorado só é chamado a se pronunciar de tempos em tempos. E como tal processo não está sujeito ao imperativo da destruição criativa, as idéias equivocadas e as práticas ineptas são recorrentes e continuam causando estragos mesmo depois de os maus governantes concluírem seus mandatos. Nenhum governante é apeado do poder porque o eleitorado identificou outro capaz de, num contexto competitivo, vantajosamente substituí-lo. No mercado, a escolha é feita entre produtos prontos e acabados cujas qualidades e defeitos podem ser objetivamente contrastados; na política, entre promessas sem lastro e programas irrealistas que se desmancham quando se vêem obrigados a encarar a dura realidade. O eleitor opta, de quando em quando, mais por um tipo de retórica que por propostas objetivas de enfrentamento dos problemas da vida coletiva. Essa nebulosidade do "produto político" torna o processo democrático suscetível a várias formas de manipulação e permite que suas vulnerabilidades sejam ardilosamente exploradas por aqueles que desejam desfigurá-la invocando cinicamente a construção de uma sociedade melhor. Para que tenha apenas pontos tangenciais de tensão com a liberdade, é imperioso caracterizar a democracia como governo limitado:

> ... o Estado liberal é o pressuposto não só histórico mas jurídico do Estado democrático. Estado liberal e Estado democrático são interdependentes em dois modos: na direção que vai do liberalismo à democracia, no sentido de que são necessárias certas liberdades para o exercício correto do poder democrático, e na direção oposta que vai da democracia ao liberalismo, no sentido de que é necessário o poder democrático para garantir a existência e a persistência das liberdades fundamentais. (Bobbio, 1997, p.20)

A democracia indireta ou representativa — na qual somos governados por representantes e não por nós mesmos — é produto da história moderna. Para Madison, a democracia direta, a da Antigüidade, era equivalente a "um pequeno número de cidadãos que se reúnem e administram o governo em pessoa". Não há dúvida de que se o poder fosse exercido diretamente, os cidadãos teriam menos motivos para se preocupar com sua limitação. Mas como os controles que têm sobre o poder são precários, é inevitável que se aflijam com o uso que dele poderão vir a fazer os que são escolhidos para representá-los. A despeito dos problemas inerentes à representação — o descolamento dos representantes dos representados, o avanço dos governos sobre o campo das decisões individuais a pretexto de corrigirem assimetrias sociais, os interesses das corporações se sobrepondo aos da coletividade, o despreparo do eleitorado etc. — não se justifica uma saudade irrealista da democracia ateniense. Nas democracias diretas, como bem observa Sartori (1988b, p.348), "governar a si mesmo significava passar a vida governando". E o preço da participação permanente — de ser o que Dahrendorf chamou de *cidadão total* — nos assuntos da vida comunitária equivalia a deixar praticamente de ter vida privada. E isso era normal numa época em que ainda não existia o individualismo que se apóia numa clara distinção entre público e privado:

> O cidadão ... se entregava totalmente ao Estado. Dava-lhe seu sangue na guerra, seu tempo na paz. Não era livre para colocar de lado os assuntos públicos e cuidar com mais dedicação de seus interesses pessoais. Aliás, estes deveriam ser negligenciados para que pudesse trabalhar em prol da cidade. Os homens passavam suas vidas a se governar. A democracia só podia perdurar sob a condição de todos seus cidadãos a ela devotarem trabalho incessante. (Coulanges, 1905, p.396)

Sartori sublinha que a hipertrofia política trouxe consigo a atrofia econômica: quanto mais perfeita se tornava a democracia, tanto mais pobres ficavam os cidadãos. E para compensar a produção insuficiente de riqueza tornava-se necessário confiscá-la. A busca da "cidadania total" culmina na exacerbação do "homo politicus" a expensas do "homo economicus". O século XX assistiu, com o socialismo real, à volta ao predomínio da política só que sob os auspícios do estatismo. A pretexto de se acabar com as diferenças sociais, todas supostamente derivadas na propriedade privada dos meios de produção, se criaram as maiores tiranias de todos os tempos. O planejamento central gerou ineficiência produtiva e supressão da liberdade em nome da promoção da completa igualdade material.

Costuma-se afirmar que a democracia se apóia em dois pilares centrais: a soberania popular e a regra da maioria. Os primeiros liberais travaram lutas memoráveis para submeter o monarca a um conjunto cada vez mais amplo e definido de leis que se mostrasse capaz de pôr fim a desmandos e arbitrariedades. Por ser uma forma de governo mais flexível e eficiente de solução de conflitos que o sistema baseado na soberania pessoal, a autêntica democracia — a que vela pela liberdade individual — também desponta como o melhor caminho para a prosperidade. Sua maior capacidade de evitar guerras, revoluções e lutas armadas pelo poder — assim como seu respeito pelos direitos fundamentais dos indivíduos — permite considerá-la a forma de governo mais eficaz na defesa da vida humana. Só rechaçando os controles panópticos e os intervencionismos que se propõem a fazer "correções sistêmicas", pode a democracia propiciar a criação de um ambiente institucional capaz de transformar as melhores potencialidades humanas em realidade.

Por mais merecida que seja a ode à genuína democracia, cabe ter presente que mesmo as monarquias absolutas não eram despotismos ilimitados que permitiam aos governantes fazer o que bem quisessem. As tradições, os costumes, a religião sempre colocaram algum tipo de limite à ação dos soberanos. Chama a atenção o fato de que os velhos déspotas não conseguiram acumular tanto poder quanto os próceres do totalitarismo — Hitler, Stalin, Mao Tsé-Tung *et caterva*. Luís XIV, quando proclamou que *L'État c'est moi*, não podia imaginar que o culto à personalidade dos *duces* e dos timoneiros acabaria por conferir ainda mais realidade à sua declaração megalomaníaca.

Se, por um lado, é verdade que a supressão da democracia abre caminho para disputas sangrentas pelo poder que culminam na instauração de regimes tirânicos, por outro, não se pode deixar de reconhecer que a democracia, sobretudo em sociedades com instituições fracas e com um histórico de recaídas autoritárias, pode ser manipulada para legitimar intervenções e dirigismos que representam graves atentados à liberdade. O fato de alguém ter sido eleito democraticamente, ou como representante de uma maioria, não impede que venha, caso não existam freios eficientes, a enfeixar cada vez mais poder. Essa a razão pela qual a Constituição de um Estado democrático deve ter como missão primacial proteger o cidadão dos abusos do poder:

> A participação no exercício do poder não implica liberdade individual. Minha liberdade frente ao poder do Estado não pode derivar da fração infinitesimal desse poder que me permite cooperar com os outros na criação das normas às quais estarei submetido. Portanto, a limitação e o controle do poder que nossas democracias liberais proporcionam não é uma façanha menor em comparação com a democracia grega. (Sartori, 1988b, p.351)

Como o grande problema da ordem social, como bem enfatizou Hayek, é o da limitação do poder, o fundamental passa a ser definir os tipos legítimos e ilegítimos de coação. Daí ser necessário especificar as regras do jogo da vida social, de cunho preferencialmente negativo, que respeitem a esfera privada, a autodeterminação e a liberdade de escolha dos indivíduos. O grande desafio para uma autêntica democracia é determinar os limites dentro dos quais deve atuar o governo — que poderes deve deter e que funções deve desempenhar. Por serem invisíveis as teias do poder, o senso comum não se dá conta de como os indivíduos são submetidos a excessivos — e, na maioria dos casos, canhestros e desnecessários — controles. O aparato social de compulsão e coerção é sempre uma ameaça real ou potencial ao que as pessoas podem querer ser ou fazer:

> A democracia moderna tem por finalidade proteger a liberdade do indivíduo *enquanto pessoa* — uma liberdade que não pode resultar, como disse Constant, "da sujeição do indivíduo ao poder do todo. (Sartori, 1988b, p.356)

Por fazer parte de processos históricos complexos, a democracia se vê constantemente às voltas com novos desafios. É compreensível que suas funcionalidades sejam adaptadas aos novos tempos, mas não que sua essência, fundada no Estado de direito, seja descaracterizada. Quando sofre mudanças degenerativas, isso se deve antes de tudo ao aumento de concentração de poder que os governantes vão conseguindo a pretexto de aperfeiçoá-la ou aprofundá-la. Os males que a têm acometido — tentativas bem-sucedidas de diminuição, pela via da politização, do campo das escolhas individuais — são mais graves que suas falhas funcionais. A despeito de Madison usar a expressão "república representativa", jamais democracia, Robert Dall (1956, p.6) caracteriza como madisoniana a democracia que se distingue por introduzir mecanismos de freio do poder e por abraçar o ideal constitucional do Estado limitado pelo direito ou pelo governo da Lei por oposição ao governo dos homens. Por ser opinião, um tanto exagerada, que "sempre se constatou que as democracias são incompatíveis com a segurança pessoal e os direitos de propriedade", Madison prefere concebê-las como *repúblicas representativas.*

Seguindo os passos de Dahl podemos caracterizar a autêntica democracia como uma poliarquia, como um sistema que se distingue pela multiplicidade de mandos e pela distribuição do poder. É este o modelo de democracia compatível com o conceito *negativo* de liberdade e justiça (cf. Berlin, 1969, p.122-31 e Oliva, 1993, p.29-41). Já a democracia populista, cujo princípio fundamental é a soberania da maioria, está sujeita a resvalar para o "despotismo democrático", para a absolutização da soberania popular. Por não estar submetida a nenhum controle exercido por alguma outra instância de poder, a soberania popular pode acabar por conferir aos que governam em seu nome uma concentração de poder de dar inveja aos mais absolutistas monarcas.

Discutir formas de governo envolve debater como são coletivizadas as decisões, como são impostas a uma coletividade independentemente de serem tomadas por uma pessoa, por algumas, por muitas ou pela maioria. Como o que é decidido em nome de todos se aplica a todos, o fundamental não é *quem* toma as decisões, mas o seu alcance. Se, como afirma Sartori, a política consiste em decisões coletivizadas que recaem sobre todos, o crucial é determinar o que, como e com que extensão se coletiviza. Se há ou não restrições ao que pode ser coletivizado ou se tudo depende da fonte de legitimidade de quem decide. Não havendo um mecanismo similar ao da harmonia preestabelecida, é normal que as decisões tomadas em nome de todos nem sempre coincidam com os interesses de todos. Decisões tomadas por outros em nosso nome podem representar, à exceção daquelas imprescindíveis à administração da *res publica*, uma descabida interferência em nossas existências e provocar desnecessária diminuição do usufruto da liberdade. Quanto maior o grau de regulação e intervenção que os poderes exercem sobre a vida dos indivíduos, maior é a área — maior a invasão de esferas e arenas — das decisões coletivizadas. O avanço da politização equivale a coletivizar decisões que poderiam ser tomadas, de modo mais eficiente, por indivíduos:

> Nas cidades-comunidades da Antigüidade, a liberdade não se expressava por meio da oposição ao poder do Estado — pois não havia Estado — mas pela participação no exercício coletivo do poder. Mas a partir do momento em que passa a existir um Estado distinto da sociedade e a ela sobreposto, o problema se inverte, e o poder *do* povo só pode ser um poder subtraído *ao* Estado. (Sartori, 1988b, p.364)

O poder que não sofre restrições à sua ação — independentemente de ser exercido por um, poucos ou muitos, em nome de Deus, da classe revolucionária, do povo ou da história — é sempre perverso. Se não está sujeito a contenções, fatalmente degenera em arbítrio. As perseguições aos dissidentes, os gulags e as matanças ideológicas no século XX representaram a derrota da democracia como forma de governo que consagra a limitação do poder. Os que recorrem à artimanha de invocar o povo para, manipulando sua irrestrita soberania, concentrar mais e mais poder são os grandes inimigos da liberdade e, por extensão, da genuína democracia. Empunham a bandeira da democracia apenas para esgarçá-la e esmaecê-la. Nada há, por isso, de paradoxal nas táticas e estratégias dos que vão buscar na democracia apoio para os desejos secretos que acalentam de deter mais poder, guardadas as diferenças, que o dos governos absolutos. Não é por acaso que das democracias seus inimigos exigem tudo — liberdade total, perfeição funcional e plena satisfação das necessidades materiais — para que, inviabilizadas, sejam substituídas por regimes opressivos que se jactam em distribuir por igual a pobreza em nome da total igualdade.

O senso comum não se dá conta de que é assustadora a quantidade de poder que uma forma de soberania que se auto-intitula popular pode concentrar. O partido único é o paroxismo desse processo que se inicia com grupos políticos que se apresentam como a vanguarda da classe revolucionária. E como os que se dizem detentores do monopólio da representação popular não precisam prestar contas a ninguém, presencia-se a volta triunfal do absolutismo com nova roupagem, e ainda mais invasivo e tentacular por se valer de técnicas cada vez mais sofisticadas de manipulação das massas pelo controle da opinião pública. Os que acreditam que o poder que têm nas mãos nada mais é que a expressão do poder popular sentem-se autorizados a perpetrar todo tipo de atentado à liberdade. Stalin apregoava que na construção do *novo homem* sofrimentos pontuais de indivíduos eram o preço a ser pago para se chegar à sonhada sociedade comunista. No fundo, o que os neo-absolutistas do século passado fizeram, e o que os clones atuais sonham fazer, é exercer o poder total invocando o todo ou a classe revolucionária.

Entendida como soberania popular, sem *checks and balances,* a democracia descamba para o autoritarismo, como o atestam os casos em que a liberdade foi sacrificada para que fossem instauradas "democracias populares". Os que aplicam à democracia madisoniana qualificativos desairosos, como burguesa ou formal, são inimigos da liberdade. Os que reduzem a democracia a coadjuvante da luta de classes participam de seu jogo apenas com o fito de explorar suas "contradições internas". A exigência de que seja praticada de forma a promover a completa igualdade material entre as pessoas baseia-se na dissolução do político no econômico. E é este o pressuposto filosófico que serve de justificativa para a instalação de governos autoritários. Só o estrito respeito ao Estado de direito pode assegurar a coexistência entre democracia e liberdade. Rousseau (1912, p.281) afirma que *s'il avait un peuple de dieux, il se gouvernerait démocratiquement. Un gouvernement si parfait ne convient pas à des hommes.* E a necessidade de existirem governos que não têm como atingir a perfeição democrática torna imperativa a especificação dos mecanismos que permitem exercer sobre eles algum tipo de controle evitando o mal absoluto do poder absoluto:

> Se os homens fossem anjos, não haveria a necessidade de governo. E se anjos governassem os homens, não haveria necessidade de controles externos ou internos sobre o governo. Na estruturação de um governo a ser administrado por homens sobre homens, a grande dificuldade reside no seguinte. É preciso primeiramente capacitar o governo a controlar os governados e, em segundo lugar, obrigá-lo a se controlar. A dependência ao povo é, sem dúvida, o controle primário sobre o governo; mas a experiência ensinou a humanidade que são necessárias precauções adicionais. (*Federalist*, 1952, §51)

No que tem de mais precioso, a democracia se caracteriza não por dar a melhor resposta à pergunta "Quem deve governar?", mas sim pela preocupação de introduzir mecanismos que propiciam a limitação do poder, desconcentrando-o e distribuindo-o. Sua grande missão é a de proteger a vida e a liberdade dos indivíduos. A democracia centrada na liberdade dos modernos, tal qual a caracteriza Constant (1980, p.541-12), muda a agenda política clássica herdada de Platão. A questão "quem deve governar", tal qual formulada na *República*, parte do pressuposto de que o poder nada tem de ameaçador desde que exercido pelas pessoas certas — os sábios. A modernidade liberal está associada à consciência de que o poder, independentemente de quem o exerça, é uma ameaça constante aos indivíduos e aos seus direitos fundamentais. Não é colocando o rei-filósofo ou a classe operária no poder que se chegará à forma ideal de governo. Como o poder é um mal necessário, impõe-se limitá-lo para que não se transforme no mais ameaçador dos monstros. A democracia liberal nasce da consciência de que mesmo que os melhores sejam escolhidos para governar, o poder será sempre o poder e o monopólio do uso da força do Estado sempre poderá ser usado contra o cidadão e seus direitos. A priorização da liberdade envolve confinar o governo a determinados poderes e funções, rigidamente definidos e delimitados, ao passo que a da igualdade, que vai além da jurídico-política, pressupõe a hipertrofia do governo e do Estado:

> É um fato inegável que a aplicação rígida e nada inteligente do princípio da igualdade tende a mutilar os produtos, necessariamente desiguais e diferencia-

> dos, da liberdade e a disseminar não apenas a mediocridade, mas o amor pela mediocridade. (De Ruggiero, 1959, p.378)

Sempre que podem, os governos empregam toda sua indústria e engenhosidade para tomar decisões e fazer opções pelas pessoas, assumindo funções que poderiam ser mais bem cumpridas por elas caso evidentemente tivessem a sagrada chama da iniciativa respeitada. Mesmo as mais consolidadas democracias têm sido debilitadas por políticas que, de forma ardilosa, tudo fazem para legitimar uma crescente intervenção na vida das pessoas. Alegando solucionar problemas sociais, o intervencionismo se faz passar por democracia. E, na grande maioria dos casos, só faz agravá-los e acarretar a perda de confiança na democracia. Não por acaso, é grande na América Latina o desapreço pela democracia como indicam pesquisas de opinião feitas pelo *Latinobarometro*. Quando se promete o que a democracia não tem como realizar e quando se implementam políticas intervencionistas desastrosas sob a alegação de que se deseja aprimorá-la se está atribuindo a ela responsabilidade pelo que em seu nome se faz ou se deixa de fazer. Manipular ou deformar seu caráter é uma tentativa astuciosa de mostrar que enquanto se mantém formal, burguesa, não atende às necessidades e anseios do povo.

A genuína democracia deve se basear em dispositivos legais, considerados intocáveis, que se dediquem a proteger o cidadão do poder, de outros cidadãos e das maiorias circunstanciais e conjunturais que podem atentar contra seus direitos. Se não houver o primado do respeito à ação individual, por meio de instituições que a estimulem e a protejam, a democracia perde o compromisso com a liberdade. Quando abandona essa vocação de defesa dos indivíduos e suas liberdades, a democracia pode até preservar o nome, mas perde sua essência. Proteger os indivíduos do arbítrio, do absolutismo dos poderosos é sua grande missão. Degringola quando se propõe a assumir tarefas — a atribuir aos governantes funções que envolvam a ampliação de seus poderes em detrimento da iniciativa individual — que extrapolam as motivações que inspiraram sua edificação. Quando deixa de ser um governo de leis, para ser de homens, quando permite que a maioria invoque sua soberania para impor medidas contra minorias, perde sua vocação liberal:

> O liberalismo é a suprema generosidade: é o direito que a maioria outorga às minorias e é, portanto, o grito mais nobre que já ecoou neste planeta. Proclama a decisão de conviver com o inimigo; mais que isso: com um inimigo que é fraco. Era inverossímil que a espécie humana fosse capaz de coisa tão bonita, tão paradoxal, tão elegante, tão acrobática e tão antinatural. Não deve, por isso, causar surpresa que essa mesma humanidade pareça prontamente disposta a

abandoná-la. É um exercício por demais difícil e complexo para se consolidar na Terra. (Ortega y Gasset, 1938, p.111)

As instituições podem funcionar de modo a defender ou subjugar os indivíduos. Entre o total respeito ao cidadão e sua completa instrumentalização pelo poder há uma faixa intermediária de casos nebulosos. A demagogia se aproveita de problemas aflitivos para deformar a democracia e inviabilizá-la. O furor legisferante é um de seus grandes inimigos. Se, por um lado, como dizia Locke, onde não há lei não há liberdade, por outro, é preciso ter presente que nem toda lei é compatível com a liberdade. E que se elegemos a liberdade como valor supremo, a legislação deve a ela se coadunar. A engenharia social que ambiciona forjar um novo homem por meio da legislação fatalmente destrói a liberdade. No Brasil, há leis em profusão e desrespeito generalizado ao que Hume chamou de *fundamental laws*. As legislações minuciosas e invasivas, dizendo-se corretivas, não fazem senão aumentar as distorções e aumentar a concentração de poder. Com a desculpa de melhorarem as relações entre os cidadãos, conseguem efeitos contrários aos desejados.

Os intervencionismos que conseguem o respaldo do sistema democrático são os piores por disfarçarem sua verdadeira identidade. O ardil dos caudilhos, demagogos e populistas é um só. Com o pretexto de atenuar ou resolver problemas sociais angustiantes usurpam poder e avançam sobre a esfera da vida individual. E com isso a pobre democracia, ao exigir-se dela que solucione problemas que estão fora de sua alçada de competência, passa a ser responsável por decisões — muitas vezes desastrosas — que foram tomadas à revelia de seu espírito. Como bem observa Hayek, o crescente descrédito em que tem mergulhado o governo democrático deve-se ao fato de a democracia ter sido sobrecarregada com tarefas das quais não tem como se desincumbir.

Uma sociedade pode ser organizada com base num elevado grau de igualdade material entre seus membros, mas jamais com base na igualdade de poder e prestígio. Não há poder onde o poder é igual. Sendo assim, o democratismo não é apenas uma deformação adquirida pela democracia no curso de suas (des)venturas históricas. É uma forma de manifestação do poder, ainda que degenerada, que nasce das entranhas da própria democracia. É *naïf* a visão otimista de democracia que supõe que o povo faz uma avaliação racional dos problemas da vida coletiva com base na qual escolhe os representantes mais credenciados para enfrentá-los. Sabemos que as escolhas não têm como obedecer, na maioria dos casos, a critérios de racionalidade mesmo que estes se confundam com a instrumentalidade meios-fins. E que entre representados e representantes se interpõem interesses que pouco se deixam domesticar por imperativos éticos ou racionais. O que *Founding Fathers* como Hamilton e

Madison fazem é procurar compatibilizar a liberdade com a busca regrada dos interesses sob a égide de instituições com legislações projetadas para coibir abusos. Os interesses não são combatidos por meio de repressão que lhes nega artificialmente o "direito" a existir, mas por meio de mecanismos que relativizem a existência de uns à de outros. Isto impede que um grupo de interesses se absolutize:

> É de grande importância numa república não apenas proteger a sociedade da opressão de seus governantes, mas proteger uma parte da sociedade da injustiça da outra parte. Diferentes interesses necessariamente existem em diferentes classes de cidadãos. Se a maioria se une em torno de um interesse comum, os direitos da minoria ficarão ameaçados ... Embora toda a autoridade nela [república federal dos Estados Unidos] derive e dependa da sociedade, a sociedade se dividirá em tantas partes, interesses e classes de cidadãos, que os direitos dos indivíduos ou da minoria correrão pouco perigo diante das combinações de interesses articuladas pela maioria.(*Federalist*, 1952, §51)

Se sonhar com o governante ideal é inócuo e com a perfeita distribuição de riquezas, utópico, pode a sociedade contar com mecanismos que evitem que a luta pelo poder e pelo escasso descambe para a tirania. Inútil delegar a uma aristocracia do espírito a missão de conferir racionalidade à administração da sociedade, quando a questão crucial é a da limitação e distribuição do poder. Gumplovicz, Mosca e Pareto mostraram que a soberania é um ideal-limite que jamais é atingido na realidade, já que em qualquer regime político, qualquer que seja a fórmula política da representação, é sempre uma minoria de pessoas — que Mosca chama de "classe política" — que detém o poder efetivo. Como o poder sempre está nas mãos de uma minoria, não existe outra forma de governo que não seja a oligárquica. Isso não significa que todos os regimes sejam iguais, e sim que a diferença fundamental não reside em nome de *quantos* se exerce o poder, e sim de como se pode controlar seu exercício de modo a evitar que, deixando de proteger a liberdade, se volte contra ela. É essa a missão da genuína democracia.

Referências bibliográficas

Berlin, I., *Four Essays on Liberty*. Londres, Oxford University Press, 1969.

Bobbio, N., *O futuro da democracia. Em defesa das regras do jogo*. Trad de Marco Aurélio Garcia. Rio de Janeiro, Paz e Terra, 1997, 6ª ed.

Constant, B., *De la liberté des anciens comparée à celle des modernes*. Paris, Laboulaye, 1980.

Dahl, R., *A Preface to Democratic Theory*. University of Chicago Press, 1956.

De Ruggiero, G., *The History of European Liberalism.* Trad. R. G. Collingwood. Boston, Beacon Press, 1959.

De Coulanges, F., *La Cité Antique.* Paris, Librairie Hachette, 1905, 19ª edição.

Hamilton, A., et al. *The Federalist.* Chicago, Encyclopaedia Britannica, 1952.

Kelsen, H., *I fondamenti della democrazia.* Trad. Anna Maria Castronuovo. Bolonha, Il Mulino, 1966.

Macpherson, C. B., *Democratic Theory: Essays in Retrieval.* Oxford, Clarendon Press, 1977.

Oliva, A., *Entre o dogmatismo arrogante e o desespero cético.* Rio de Janeiro, Instituto Liberal, 1993.

_____, *Conhecimento e liberdade. Individualismo x coletivismo.* Porto Alegre, Edipucrs, 1999, 2ª edição.

Ortega y Gasset, J. *La rebelión de las masas.* Buenos Aires, Espasa-Calpe, 1938.

Rousseau, J. J., Du contrat social ou principes du droit politique. Paris, Librairie Garnier Frères, 1912.

Sartori, G., *Teoría de la democracia.* El Debate Contemporáneo. Trad. de Santiago González. Madri, Alianza Editorial, 1988b, vol.2.

_____, *Teoría de la Democracia.* Los Problemas Clássicos. Trad. de Santiago González. Madri, Alianza Editorial, 1988b, vol.2.

von Mises, L., *Ação Humana. Um Tratado de Economia.* Trad. de Donald Stewart. Rio de Janeiro, Instituto Liberal, 1990.

Orçamento participativo:
Reflexão sobre os sentidos e as perspectivas de uma nova forma de instituição política[1]

Júlio Bernardes
Universidade de Santa Cruz do Sul

> A democracia que conhecemos instituiu-se por vias selvagens sob o efeito de reivindicações que se mostraram indomesticáveis. E todo aquele que tem os olhos voltados para a luta de classes, se deixasse os sendeiros marxistas (é verdade que se finge, às vezes, não mais segui-los, mas conserva-se a direção), deveria convir que ela foi uma luta para a conquista de direitos — exatamente aqueles que se mostram constitutivos da democracia; que a idéia do direito foi ativa e eficaz, embora de modo diferente da do comunismo.
> (Claude Lefort, *A invenção da democracia*)

A reflexão sobre as formas de deliberação do Estado constitui uma tradição que se desenvolve ao longo da tradição ocidental, ganhando corpo, sobretudo, no século XX com a efetiva ampliação de áreas nas quais o pensamento político se realiza, a saber: a filosofia política, a ciência política, a antropologia política e as ciências jurídicas. Dentre estas formas, a democracia talvez tenha sido ao longo da história e, principalmente, na história recente a mais criticada, combatida, desprezada, e, ao mesmo tempo, homenageada, pregada como a redenção dos homens pelos homens, como idéia de liberdade, de transparência, enfim, com todos aqueles adjetivos que reconhecemos tanto nos slogans estudantis da década de 1960, como nos discursos dos presidentes americanos.

A vulgarização da democracia no século XX, isto é, sua massificação após a Segunda Guerra Mundial, é engendrada pela vitória dos aliados e por passar a ser a bandeira central do bloco ocidental na nova configuração geopolítica de então. Ora, tantos são os usos do termo, tantas as funções e finalidades que este cumpre e cumpriu em discursos muitas vezes ideologicamente antagônicos, que é surpreendente que ainda não tenha se desgastado, que não tenha perdido a sua força e se tornado sinônimo de desesperança e fracasso político. Essa idéia foi usada para justificar tanto o calar a boca de estudantes que protestavam contra a Guerra do Vietnã como a gênese de Estados autoritários na América Latina e no Leste europeu. Quando da revolta dos estudantes chineses na Praça Vermelha — que reivindicavam democracia contra a herança da revolução cultural de Mao — o termo foi usado pelo governo chinês para justificar os atos de matança assistidos por um mundo aturdido e imobilizado. Ora, dizia ele, essa *elite* (estudantes insurrectos) quer derrubar a democracia efetiva da qual todo cidadão chinês se nutre. Poderíamos, igualmente, citar o caso da proclamada "democracia" cubana. Essa é definida — pela inteligência do Partido Comunista — como a efetiva extensão dos direitos humanos secundários ou derivativos à ampla maioria da população, embora contrarie ou negue a estes o acesso aos direitos fundamentais e às garantias individuais, como o direito de ir e vir, o direito ao livre pensamento e/ou expressão, o direito à livre organização, entre outros.

Estes são exemplos da massificação e vulgarização do termo que se tornou uma marca do século passado e que vincula para si as idéias de participação, distribuição e igualdade, o que confere, por extensão, legitimidade aos que detêm o poder. Não é por acaso que o general Médici, nos tempos mais tórridos da repressão, frente às acusações de organismos internacionais de repressão às liberdades e à tortura, anunciava para o mundo que o Brasil vivia uma democracia plena. Dessa forma, parece que, à exceção de regimes fundamentalistas do Oriente Médio, até mesmo os tiranos reconhecem o "poder mágico" que o termo porta e confere às instituições quando da sua enunciação nos mais diversos contextos sociopolíticos. Martin Heidegger alertava em *Ser e tempo* que — à exceção do conceito Ser, que se distingue ontologicamente de todos os demais, pois deles participa — a extensão de um conceito pode determinar a ausência de referências, caso esta seja tão ampla que abarque todos os casos de aplicação. Em outros termos, um conceito que tudo abrange a nada se refere.

Ao sul do hemisfério sul, um grupo originariamente alinhado ao marxismo, ou mais propriamente, ao marxismo-cristão e ao trotskismo, pensa e executa um projeto de instituição política com vistas, em primeiro plano, à participação popular; em segundo, a um ataque aos vícios da democracia representativa; em terceiro, à própria democracia representativa ou *burguesa*. Sabe-se que não há um consenso quanto ao último item. Os sociais-democratas do PT, por exemplo, concordam, em termos, com os dois primeiros casos, mas não com o terceiro.[2]

A instituição do orçamento participativo pode ser vista apenas como uma peça derivada da autonomia dos poderes que constitui a forma política das repúblicas contemporâneas. Nesse sentido, a sua função se coadunaria com a correção e extinção de certos vícios que a democracia representativa engendra, os quais são compartilhados tanto pela sociedade civil como pelo poder público. O clientelismo político tradicional é o vício com maior visibilidade extinto pelo orçamento participativo. Em Porto Alegre, a Câmara dos Vereadores passou de fato a cumprir com sua função legislativa, não mais paralisando estas atividades em função da disputa feroz por parcelas do orçamento.[3] Não obstante, a tarefa do orçamento, na visão e nos discursos de outros, não se extingue aí. Este deve cumprir com um projeto político mais agressivo, ou seja, ser um instrumento de crise da democracia representativa e consumar, então, uma nova forma de democracia. Deve-se, portanto, analisar o discurso desses setores políticos do PT, para averiguar quais os conceitos e as idéias que o fundamentam. Para isso, devemos lançar mão da sua tradição teórica e histórica.

Certas tendências do PT como, por exemplo, as de filiação trotskista, defendiam programaticamente, em meados da década de 1980, a democracia e os valores democráticos, de tal modo que, naqueles anos, trouxeram para a pauta da política de esquerda os movimentos das minorias, de gênero, de juventude, entre outros. Isto ocorreu em virtude da forte crítica ao stalinismo e à degeneração da União Soviética em um Estado antes totalitário e, então, dominado pela repressão exercida pela alta burocracia em conjunção com o Exército. Na época, uma série de documentos dessas tendências, sobretudo da Democracia Socialista, preconizava a rejeição de qualquer forma de ditadura do proletariado — o que necessariamente engendraria o poder de uma burocracia — e tentava, através de um árduo exercício intelectual e de denso debate, compatibilizar socialismo com democracia. Quando da vitória dos sandinistas, esta tendência viu aí a possibilidade dessa reunião tornar-se historicamente efetiva. A esquerda reformista repudiava com veemência tais incursões teórico-programáticas, quanto mais a sua defesa explícita. De outro lado, a corrente política inflamada pela reunião do marxismo com o cristianismo, incensada pelas idéias da "Filosofia da Libertação" nas leituras de Leonardo Boff e Dussel, via a possibilidade de uma sociedade orientada pelo dogma da igualdade material travestida de igualdade teológica e determinada pelos valores cristãos da fraternidade e da comunhão. Essas leituras do marxismo são determinantes para a compreensão da gênese da idéia de orçamento participativo como nova forma de instituição política e da sua própria efetivação.

A teoria marxista, como se sabe, prescreve à democracia um papel secundário, derivado de uma forma histórica da arquitetura do poder que se cristaliza sob o princípio da propriedade; e que tem no processo de consolidação do capital, através do desdobramento histórico do trabalho e da reflexão, a expressão de uma nova forma de relação entre os agentes sociais. Ou ainda, segundo esse enfoque, a democracia representativa não se constitui apenas como um instrumento deliberativo, mas em um dos pilares ideológicos dessa forma histórica de sociabilidade ou de apropriação e distribuição do poder, isto é, dos bens produzidos no interior da mesma. Para Marx, de acordo com a tradição materialista que o precede, iniciada na modernidade com os naturalistas do século XVII, o poder se constitui na totalidade dos bens ou benesses produzidos no interior das formas de sociabilidade. Nesse sentido e de forma abreviada, segundo ele, o poder do Estado moderno não é tributário do ato de fala instituinte, o contrato — como é para Hobbes —, mas derivativo do poder de uma classe consolidado pela já consumada disputa por bens e benesses no interior da sociedade civil. O Estado aparece como uma metaarquitetura de poder derivativo que tem a sua legitimidade auferida por aqueles mesmos conjuntos de princípios veiculados discursivamente pelas instituições que o conformam e por aquelas que configuram a sociedade civil. Esse discurso partilhado e comungado pelos agentes sociais, Marx denomina de ideologia.

A noção de ideologia constitui-se, sobretudo, a partir da pressuposição hegeliano-marxista da efetividade das idéias e valores produzidos pela capacidade de reflexão humana e veiculados para a legitimação da distribuição do produto do trabalho entre os agentes sociopolíticos. Nesse caso, o Estado, que paira sobre a estrutura própria de poder (a produção de bens), visa necessariamente salvaguardar e preservar esta arquitetura da qual decorre o seu poder e, assim, legitimar-se. O Estado, tanto para Marx como para Hegel, visa a preservação da sociedade civil, não obstante, para o primeiro, não resta aí nenhuma universalidade, mas somente a reposição do Estado no jogo das particularidades, ou seja, da salvaguarda de interesses da classe detentora da maior parcela de poder. Para Hegel, a reposição do Estado é uma forma do movimento de superação e transcendência do particular em direção à universalidade que nele se tornará imanência. A reposição hegeliana aparece na forma de dependência do Estado em relação à manutenção da sociedade civil, que ao reconhecê-lo como necessário para si, o legitima. Nesse caso, o Estado é de uma natureza distinta da da sociedade civil. Para Marx, o Estado *aparece* como distinto pelo artifício da ilusão das idéias, embora jamais opere a superação em direção à universalidade, mas se movimente somente como reposição do jogo das particularidades.

Dessa forma, para intelectuais que têm como matriz esta última concepção de democracia como um casuísmo ideológico da sociedade burguesa, o esforço de retomá-la e repensá-la como valor universal deve ter sido marcado por dificuldades e rupturas com esta mesma tradição. De algum modo, isto se deve a um pressuposto valorativo do marxismo que se torna um "imperativo teórico" quanto à necessária atenção ao contexto, às condições e às significações da história. No momento em que se apresentava como imperativo pensar o socialismo real encarnado pelo Leste europeu, não se podia deixar de rever o conceito de democracia, reavaliando a própria doutrina marxista. "Democracia: valor universal ou casuísmo burguês", estava posta a questão. Essa reflexão igualmente se estendia em direção aos direitos humanos, seriam estes tão-somente marcas ideológicas ilusórias de um momento histórico? Ora, frente às atrocidades cometidas na China, no Kmer Vermelho, na União Soviética, entre outros, frente à luta do sindicato proscrito Solidariedade contra o poder burocrático do partido único de Jaruzelski, estas questões ganhavam fôlego e não podiam mais deixar de ser respondidas pelo menos por uma parcela da esquerda. Em Porto Alegre, esses pontos incendiaram os debates entre as tendências do então recém-criado Partido dos Trabalhadores, assim como o debate deste com os demais seguimentos da esquerda, comprometendo-o com teses que o diferenciavam da esquerda tradicional e inaugurando, assim, uma nova perspectiva para intelectuais que desejavam se manter no campo da esquerda sem se comprometer, no entanto, com a tradição nacionalista populista, com a stalinista, com o reformismo soviético ou com o revisionismo social-democrata.

A democracia passa a ser considerada por alguns intelectuais de origem marxista, simpatizantes ou militantes do PT, como um valor a ser defendido acima de qualquer casuísmo, devendo nortear os projetos políticos como um ideal regulador das utopias. Nesse momento histórico, no qual luta-se pela volta da democracia ao país, produz-se uma confusão entre os conceitos "democracia" e "república", sendo que o último é muito pouco enunciado no campo da esquerda como referencial e idéia reguladora de projetos políticos, recaindo sobre ele o peso de preconceitos ideológicos e a indiferença intelectual. Esta confusão entre democracia e república, sendo a primeira enunciada muitas vezes no lugar da segunda, acaba por comprometer os resultados da reflexão sobre a própria democracia e, muitas vezes, os projetos políticos daí decorrentes.

Ora, seria possível pensar a democracia sem pensar igualmente as condições conceituais, políticas e institucionais sobre as quais esta repousa, tanto no nível do fundamento teórico como no da possibilidade de sua efetividade histórica? Ou ainda, seria possível democracia sem república? Ao contrário do que seria razoável supor, parece que sim, de tal modo que assim se pensou e daí decorre esta pluralidade de sentidos que o termo ganhou. Isso, entretanto, não significa que as justificativas e resultados sejam pertinentes tanto no nível do fundamento teórico, como no domínio propositivo da prática política. Não obstante, a confusão que mascara o conceito de república sob o termo democracia acabou conduzindo a reflexão por idéias e conceitos políticos que originariamente pertencem ao primeiro. Transparência, participação, publicidade, cidadania, direitos universais, igualdade, entre outros, foram todos pautados como conceitos políticos estruturais da idéia de democracia, enquanto de fato, a democracia é, teórica e historicamente, caudatária dos mesmos, o que significa dizer que é caudatária da forma política da república.[4] Entretanto, o que parece ser inicialmente um aspecto positivo, isto é, pensar a democracia segundo estes conceitos, não se confirma como tal, pois a marca fundamental da república —, suas formas institucionais, suas potências éticas — como pensava Hegel — não são abordadas por esta reflexão. Ou seja, a parte estrutural que garante as condições para que as idéias, acima referidas, convertam-se efetivamente em regras para a vida pública e para os agentes sociopolíticos, é descartada, deixando, assim, aberto o campo da reflexão ao arbítrio das definições produzidas segundo o vento imediato dos interesses políticos, da conjuntura e dos restos intelectuais de um marxismo já posto em questão pelos fatos da história política recente.

No cenário nacional, a democracia passou a ser consensualmente definida e compreendida — à exceção de setores minoritários — pelas idéias de transparência e participação ampla. Sendo assim, o avanço das conquistas democráticas se impunha em nome desses princípios, agora, reguladores de uma prática política de esquerda. Isso foi de tal modo estendido à vida pública que certas instituições republicanas, cuja natureza não é compatível com a democracia assim entendida, passaram a ser aviltadas e ditas não-democráticas. Em nome desse excesso, várias instituições penderam para esta "prática democrática" incompatível com sua natureza própria. A sociedade brasileira e suas instituições foram acometidas pelo "democratismo", de tal modo que o ideal seria que tudo fosse gerido e deliberado por todos, o que se afigurava, então, como transparência.

Ora, seria ingênuo atribuir uma única causa a este processo, pois não podemos obliterar, em nossas considerações, os vinte anos de ditadura como uma das causas dessa "sede de participação", de necessidade de transparência, embora isso não justifique a pertinência desse processo. Essa ampla participação nos processos deliberativos estendia-se em direção ao conceito de cidadania. Para setores identificados com os movimentos sociais e com os partidos de centro-esquerda, passou a ser um requisito básico de cidadania a efetiva participação na vida pública e nos diversos processos políticos, nos movimentos da sociedade civil organizada e, sobretudo, naqueles processos que flexibilizam e estendem a participação dos cidadãos no controle efetivo da gestão do bem comum, além dos que visam a conquista de direitos sociais e políticos e a garantia dos mesmos. Nessa conjuntura e perspectiva foi pensado e executado o orçamento participativo quando da vitória do PT nas eleições municipais de Porto Alegre em 1988.

A participação ampla, concebida como sinônimo de transformação da cidadania formal em efetiva, é um dos pilares de sustentação da nova instituição política que visa não só a corrigir os vícios do Legislativo, como já foi mencionado, mas a distender a democracia representativa, senão, colocá-la em cheque. Na relação conjuntural entre os poderes, esta instituição serviu para que o Executivo dobrasse o Legislativo, dominado por uma ampla maioria de oposição. Quem ousou pregar teses contra a nova instituição, obteve um caro ônus político como resposta. Como poderiam setores de centro-esquerda, como o PDT, PMDB, entre outros, levantarem-se confortavelmente contra uma instituição que se apoiava na participação efetiva dos cidadãos em uma matéria (a confecção da peça orçamentária) que notoriamente foi e é motivo de escândalos no cenário nacional.[5] Prova disto é a hegemonia política do PT em Porto Alegre, após uma década de gestão do município. O próprio constrangimento desses setores demonstra e torna evidente a sua aceitação desta concepção de democracia. O orçamento participativo, na visão dos setores que inicialmente o conceberam, não se destina a cumprir com uma tarefa secundária e auxiliar à democracia representativa. Ele está investido simultaneamente da tarefa civilizatória e de transformação social profunda, ambas derivadas de um projeto que não é assumido publicamente pelo partido como um todo, mas expresso por algumas tendências que o formam. Isto é publicamente sabido, basta a participação nas plenárias do partido, na qual uma diversidade de teses das mais variadas tendências é discutida e nas quais transparece a vocação revolucionária de um número expressivo delas. O partido não assume publicamente aquilo que em parte o mobiliza.

Não obstante, essa perspectiva revolucionária sobre o orçamento participativo não compromete a instituição no presente. O que compromete uma instituição é a prática política no seu interior a seu respeito e a sua função pública, e não o que se pensa ou se proclama da mesma. A perspectiva antagônica, de efetiva institucionalização deste protótipo de instituição no interior de uma república democrática, operando como um instrumento auxiliar à democracia representativa — o que lhe conferiria uma maior autonomia e legitimidade —, reafirma a perspectiva conciliatória entre democracia e república. Esta perspectiva, que tem na social-democracia do partido a sua vocalização, parece reconsiderar a república e as idéias a ela imanentes, não mais como um "casuísmo burguês", mas como uma forma política que porta valores universais, os quais dão conteúdo a uma acepção própria de democracia. Assim como foi assinalado inicialmente o esforço intelectual — contra a tese marxista clássica — de considerar, nos meados da década de 1980, a democracia como um valor universal da humanidade, deve-se destacar, nesse momento, o esforço de reflexão, por parte de setores políticos oriundos do marxismo ou com referência no mesmo, para elevar o conceito de república a este estatuto.

A resistência da reflexão marxista ao conceito de república — estendido para além dos domínios da forma de regime e travejado por valores que nele a história das idéias depositou — tem como causa a identificação desta com o Estado, pois, de fato, ela é uma forma ou afiguração que este pode ter, e da própria concepção de Estado como superestrutura do capital. Ora, considerar a república — e as idéias nela imanentes — como valor universal, para o intelectual marxista, significa abdicar teoricamente tanto do conceito de ideologia, como desta definição funcional do Estado e do seu papel de atrelamento ao capital. Em última análise, isso significa o abandono do marxismo como referencial teórico-programático. Não obstante, outras categorias políticas estão envolvidas nessa questão. Como se sabe, toda teoria política e projetos ideológicos veiculam uma concepção acerca da natureza humana, ou ao menos — para os que desejam evitar uma conotação ontológica tão forte — uma concepção de agente sociopolítico. Neste sentido, toda instituição (que por si é caudatária de idéias, teorias e projetos ideológicos) faz referência ou carrega em si mesma uma concepção de natureza humana e/ou de agente sociopolítico.

A república, tal como se afigura atualmente, tem como pilar central a distinção entre público e privado, sobre a qual erige uma plataforma de direitos que definirão atribuições, papéis sociais e estatutos que recairão sobre os agentes sociais, particularmente instituições (partidos, corporações, sindicatos, esferas do poder estatal, entre outros) ou simplesmente sobre o homem comum, com a forma da cidadania. Assim, a vida social transcorre em uma duplicidade inerente a essa forma política, ou seja, transcorre entre o domínio público e o privado. Para Hegel, e Marx, essa distinção revela domínios não somente de interesses antagônicos como de estatutos distintos que um mesmo indivíduo porta. No interior da sociedade civil-burguesa, os indivíduos são caracterizados por Hegel como membros de corporações que disputam entre si interesses particulares — de tal modo que, no interior dessa forma de sociabilidade é que a do direito privado, este se afigura como o "organon" das atividades sociais. Segundo o autor, o Estado — o domínio propriamente público — aufere ao sujeito uma outra predicação, cujo estatuto jurídico aponta para a figura ou a potência política da cidadania ou, ainda, efetivamente, o cidadão. Nessa duplicidade de interesses afigurada sob formas institucionais distintas transcorrem a vida e os processos das relações entre os agentes sociais e políticos. Essa caracterização dos agentes sociopolíticos como tangidos pela duplicidade dos interesses arregimentados em formas políticas distintas, abre a perspectiva para a consideração de uma forma de deliberação política que preserve essa duplicidade, a da vida pública e privada. Assim sendo, a consideração da democracia como uma forma de deliberação nesta perspectiva política, somente poderia ocorrer se a mesma possibilitasse a contigüidade destas formas de vida, que um mesmo sujeito possui.

A representação pelo sufrágio universal parece ser a fórmula perfeita para a legitimação das futuras deliberações e ações do corpo de burocratas e políticos que ocupará os interstícios do Estado. Ou seja, a democracia representativa porta em si esta gênese e visa possibilitar a manutenção dos dois domínios que aparecem unidos em um sujeito cindido entre afazeres privados e a vida pública. Exatamente sobre essa cisão da vida republicana contemporânea repousa a crítica marxista e, com isso, o ataque à democracia representativa. O que é posto em questão, em última análise, é a concepção de natureza humana e a caracterização de agente sociopolítico que dela resulta. A natureza humana, para Hegel e Marx, é muito próxima da tradição naturalista, embora os fundamentos teóricos que a sustentam sejam distintos. A duplicidade dos papéis sociopolíticos em Hegel apóia-se na concepção do homem enquanto ser finito, desejante e temeroso da morte, que no interior da família, da sociedade civil e do Estado se alça a estatutos conferidos por essas figuras da história. Essa caracterização pode ser melhor observada na "Dialética do Senhor e do Escravo", na *Fenomenologia do espírito*, em que o temor da morte é o critério definitório para a assunção dos indivíduos aos referidos papéis de senhor e escravo. A título de observação, nesse texto, Hegel fundará a legitimidade da dominação política e, por decorrência, a legitimidade do pacto de sujeição. Esta mesma concepção, próxima do conteúdo naturalista da definição de Homem, encontra-se inclusa na categoria marxista do trabalho como uma faculdade universal humana que visa à produção de bens para a satisfação das necessidades com vistas à manutenção e ao aperfeiçoamento das condições de vida, o que irá se constituir no processo de artificialização da natureza, ou ainda, na dominação da mesma. Marx, assim como Hegel, caracteriza o domínio da sociedade civil-burguesa como um contexto de disputa entre os agentes regido pelo direito privado e pelas leis da necessidade, isto é, pelas leis de mercado.

Segundo o projeto marxista baseado nas suas incursões teóricas, a redenção do trabalho se constituirá no domínio completo da natureza, o que significa, em último caso, a superação de uma forma de relação social pautada pela necessidade natural — a lei da demanda e da oferta — por uma forma onde a artificialização tenha sua absoluta efetividade. Não se trata, para Marx, da transformação da natureza humana, pois nela repousa a categoria do trabalho, mas do domínio no qual as relações transcorrem, de tal modo que a disputa por bens, ou seja, por poder, não mais se afigure no horizonte prático. Essa possibilidade é anunciada por Marx na conformação de um contexto sociopolítico baseado na superprodução ou produção excessiva de bens, em que a enunciação e o vigor da lei da demanda e da oferta não mais se façam possíveis. Esta idéia se aparenta e se ancora no argumento naturalista de que a disputa pelos bens baseia-se na pressuposição de que os mesmos são numericamente finitos, por parte de cada um dos agentes. Isto, como se sabe, é um dos argumentos centrais para a configuração do estado de natureza enquanto estado de guerra na doutrina política naturalista de Hobbes.

O fracasso do projeto marxista se sacramenta a nível teórico na medida em que ficou demonstrado inexoravelmente, com o avanço das ciências no século XX, que o domínio da produção é finito, pois os seus recursos primários (fontes de energia, água, minérios, entre outros) são igualmente finitos. As repúblicas democráticas contemporâneas são incompatíveis com a projeção marxista de superação do domínio da necessidade no campo das relações sociais, pois são formas políticas baseadas em uma concepção de natureza dos agentes e de natureza humana e em uma distinção (público/privado) que privilegia esses aspectos. Sendo assim, cabe aos teóricos que ainda se reivindicam do marxismo ou aos que se reivindicam programaticamente do socialismo, a consideração de que a democracia terá um conteúdo determinado se for lida, compreendida ou elaborada a partir das idéias inerentes à forma política da república e suportada sob o viés de suas instituições que se fundamentam na duplicidade dos interesses dos seus agentes. Sob esse aspecto, o surgimento de novas instituições em nome da atualização do processo democrático, o que pode parecer aos revolucionários um reforço das estruturas de poder — o que em certas circunstâncias não o deixa de ser — e, portanto, contra-revolucionário, não o é se tomado na perspectiva de que a própria invenção da democracia se constituiu em um campo de disputas extremamente tenso e transformador e, ainda, catalisador de direitos na forma de instituições.

Como diria Claude Lefort, seria uma aberração tornar a democracia uma criação da burguesia, isto é, destituí-la do campo de batalhas na qual foi forjada. Ao longo do século XIX, a burguesia via na democracia universal uma ameaça à sua hegemonia social, via na luta pelo sufrágio universal um risco não menor que o socialismo; tentou barrar de todas as formas a extensão do direito de associação e do de greve. O acesso à educação deveria ser circunscrito à classe hegemônica, vendo, na sua ampliação, uma grave ameaça à manutenção do *status quo*. Nesse sentido, a democracia instituiu-se a partir das reivindicações e das lutas dos trabalhadores, intelectuais e setores médios da sociedade, produzindo um efeito irreparável ao longo da história e — como diria Hegel — constituindo um capítulo da realização da liberdade no percurso da história universal.

É inerente à democracia a instituição de novos direitos e novas afigurações institucionais. A luta e a tensão são próprias deste processo, que se põe como transformador à luz dos princípios fundamentais do Estado de direito e visa, na medida em que deles se apropria, aperfeiçoar as novas formas políticas, quando não criá-las. Talvez estejamos — e que assim seja! — assistindo em Porto Alegre, nas demais capitais, nos municípios, nos estados da confederação e na nação, a ocorrência do aperfeiçoamento da democracia sob o nome dos princípios republicanos da publicidade, da transparência e da participação e, com isto, dilatando a vida pública para uma nova forma, dentre outras, de atualização da cidadania através do aperfeiçoamento — pela observante participação — da democracia representativa.

Referências bibliográficas

Marx, K., *O capital.* São Paulo, Abril, 1996.
Hegel, G.W.F., *Principios de la filosofía del derecho.* Buenos Aires, Ed. Sudamericana, 1975.
Lefort, C.A.,*Invenção democrática: os limites do totalitarismo.* São Paulo, Brasiliense, 1983.

Notas

1. Este artigo contou com o apoio do FAP-Unisc.

2. Essa discussão ainda não foi superada no interior do partido, mesmo com a eleição de Lula e com a afirmação, durante a campanha, de compromisso irrestrito com os princípios do Estado de direito e democrático, pois é notória — e divulgada quotidianamente na imprensa — a divergência de certos setores em relação a esse compromisso. No caso da recente execução dos cubanos acusados de terrorismo e crime de lesa-pátria por seqüestrarem uma balsa com intenção de fugirem de um regime que julgavam ameaçador e ditatorial, transpareceram dúbias as posições e compromissos do presidente da República e do Partido dos Trabalhadores com a democracia e com os direitos fundamentais constitutivos do Estado de direito. Além de não endossar o coro da intensa manifestação de repúdio da opinião pública mundial, o presidente da República dirigiu nossa representação em organismos internacionais à omissão e ao exercício de atenuar a gravidade política e humanitária do fato. Ironicamente, setores importantes do partido — que se portaram quase como embaixadores de Fidel Castro — defenderam com grande desenvoltura política e sentimental a legitimidade do processo judicial e da pena infringida, dos quais, no passado recente, poderiam ter sido réus. Isto é um sinal claro de que o Partido dos Trabalhadores ainda não superou velhos laços com regimes totalitários, o que reafirma a suspeita de sua recente e propagandeada devoção às clausulas da democracia e do Estado de direito.

3. Deve-se observar que o orçamento participativo acabou por engendrar uma nova forma de clientelismo, i.e, aquele que se disseminou pela mão das lideranças populares, das associações de bairro e de demais entidades muito próximas ao Partido dos Trabalhadores. Isto foi apontado no relatório de avaliação do orçamento participativo composto por integrantes e observadores de várias instituições internacionais em seminário realizado no segundo semestre de 2001.

4. Consideramos o termo "república em uma acepção ampla e histórica, i.e., designando não somente uma *forma regiminis*, mas, sobretudo, a instituição política formatada por idéias e princípios historicamente constituídos como direitos universais, que vem consolidar, através de instituições sólidas, um determinado estatuto legal aos indivíduos que a constituem. Nessa perspectiva, a monarquia constitucional inglesa, por exemplo, é abarcada por esse conceito.

5. Vide o escândalo dos anões do orçamento.

Hobbes e as virtudes[1]

Maria Isabel Limongi
Universidade Federal do Paraná

Já foi dito repetidas vezes e não sem razão que a teoria hobbesiana do Estado vem acompanhada de uma nova concepção do homem e de uma nova moral, sendo um traço importante da novidade anunciada por Hobbes o caráter antiaristocrático do ideal de cidadania posto em cena por ele. Hobbes é, como se notou,[2] um desmistificador das virtudes aristocráticas, heróicas e cortesãs, de um ideal de virtude fundado na afirmação da nobreza, da excelência e da superioridade. Esta afirmação, ele a reduz a uma ilusão, vanglória, que, no lugar de nos distinguir, é prova contundente da nossa condição de igualdade: somos iguais na busca vã de nos fazer reconhecer como excelentes.[3] O cidadão hobbesiano, em relação ao qual a virtude se define, é, assim, aquele que reconhece o fato da igualdade, aceitando instituir o Estado em termos igualitários. Ele seria, nesse sentido, a antítese do aristocrata e do cortesão.

Sem desconsiderar esse fato, e os diversos outros sentidos em que poderíamos ainda insistir na oposição entre o cidadão hobbesiano e o cortesão, gostaríamos no entanto de salientar um aspecto em que a concepção hobbesiana da virtude e da civilidade, se é exagero dizer que está em fio de continuidade com o ideal cortesão de virtude, ao menos a ele não se opõe: a virtude, para Hobbes, como para as éticas cortesãs, ainda que em um sentido diverso, se inscreve num campo de visibilidade e aparência. Levar adiante esta afirmação pode servir, num primeiro momento, para compreender a especificidade do modo com que Hobbes leva a cabo a desmistificação do universo cortesão.

Pascal, por exemplo, assim como Hobbes, também se pôs a tarefa de desmistificar a pretensa afirmação da excelência aristocrática, reduzindo-a, como Hobbes, a uma ilusão diante da qual somos todos iguais. Mas para Pascal a crítica à pretensa superioridade aristocrática é inseparável da crítica à idéia, levada ao limite por Castiglione, mas já presente na tradição retórica da qual ele se faz herdeiro, de que a virtude diz respeito ao modo como construímos nossa aparência e nossa conduta exterior em vista de uma representação harmônica e decorosa de nós mesmos diante dos outros. O cuidado zeloso com a aparência, marca da excelência cortesã em Castiglione, será reduzida por Pascal a um artifício enganoso, avesso à verdadeira virtude, transposta para o plano dos pensamentos interiores, das intenções ocultas e da intimidade. Em Hobbes, porém, a afirmação do valor antiaristocrático da igualdade não traz consigo o repatriamento da virtude do plano da aparência e da visibilidade aos recantos de uma intimidade oculta e privada — uma constatação que, além de assinalar a especificidade de Hobbes diante de alguns de seus contemporâneos, pode levar a compreender em que sentido o espaço público instituído pelo Estado e coincidente com ele é, para Hobbes, não apenas compatível, mas o espaço mesmo, a condição do exercício da virtude — entendida, de modo não tão distante das éticas cortesãs quanto se poderia supor, como boa representação de si mesmo.

É inegável que o valor do que talvez se possa chamar um "egoísmo racionalizado", que deverá presidir o processo de instituição do Estado, anuncia um novo mundo moral, e não apenas político, que não mais o do cortesão. Vale insistir: não cabe aqui negar o caráter de ruptura do pensamento político e moral hobbesiano. Mais precisamente, não cabe negar, no âmbito do que aqui nos interessa, que os valores que presidem a instituição do Estado têm por fundamento último o interesse dos indivíduos nas ações que contribuem para a constituição e o bom funcionamento da paz, e que, nesse sentido, pode-se dizer que eles têm por base uma motivação de ordem privada. No entanto, essa orientação profundamente anticortesã e moderna do pensamento moral hobbesiano não é incompatível com um aspecto fundamental da virtude cortesã, sua inscrição num espaço de relações inter-humanas no interior do qual os valores assumidos pela virtude e pelo vício dependem não somente de sua relação com o interesse dos indivíduos, como também do modo como se fazem expor aos olhos dos outros. No universo moral de Hobbes, a virtude e o vício não perdem o caráter da visibilidade para passarem a qualificar a natureza de nossas motivações secretas. Isto porque, como pretendemos indicar, se a virtude corresponde ao comportamento dos indivíduos compatível com seus interesses privados, essa compatibilidade é antes de mais nada algo representada — encenada, poderia-se dizer — diante dos outros.

Hobbes alerta que os nomes das virtudes e dos vícios devem ser empregados e compreendidos com cautela, pois sua significação é inconstante. Eles significam não apenas o que se imagina acerca da natureza das coisas, mas também a "natureza, disposição e interesse do locutor" (L, IV, 109, 30). Esta inconstância não implica, porém, em um total esvaziamento dos termos virtude e vício, como se tivéssemos que desistir das distinções morais ali onde nos falta a lei civil para determinar de maneira inequívoca o seu significado. Independentemente de sua equivocidade, há um campo preciso em que o termo virtude se aplica.

Hobbes delimita qual é esse campo no momento em que fixa o conteúdo do termo justiça, assinalando uma diferença entre o seu significado quando aplicado às ações e quando aplicado aos homens. As ações são ditas justas ou injustas, diz ele, na medida em que são compatíveis ou não com o que prescreve a razão, mas, quando empregamos os mesmos termos para qualificar os homens, a justiça significa "a conformidade ou a incompatibilidade dos *costumes* [*manners*] com a razão" (L, XV, 206, 93, grifo nosso), sendo esta "justiça dos costumes [*manners*] o que é significado quando a justiça é denominada uma virtude e a injustiça um vício" (ibid.). Ou seja, apesar de inconstantes, termos tais como *justiça* e *injustiça* que designam virtudes e vícios têm um campo de aplicação preciso: eles designam não esta ou aquela ação, as quais, de acordo com o esquema hobbesiano, pode-se dizer que cabe às leis civis determinar o valor, mas os *costumes [manners]*, cujo valor não parece estar à espera de qualquer especificação por parte de um legislador.

Os homens que possuem a virtude da justiça — prossegue Hobbes — têm sua vontade determinada [*framed*] pela justiça e não pelo benefício visado por sua ação[4] — o que aponta no sentido de uma distinção, anteriormente estabelecida, entre agir justamente (o que equivale a cumprir os pactos firmados) por glória [*glory*] ou orgulho [*pride*] de parecer não precisar faltar à palavra dada, ou, então, por medo das conseqüências de faltar a ela (L, XIV, 200). Uma coisa é agir justamente porque se cultiva a virtude da justiça, entendida como uma forma de glória ou orgulho, uma generosidade (ibidem), ou ainda, "uma certa nobreza ou coragem [*gallantnesse of courage*, na versão latina do *Leviathan*: *animi generositas quaedam*], (raramente encontradas) em virtude da qual se despreza ficar devendo o bem-estar da vida à fraude ou ao desrespeito pelas promessas" (L, XV, 207; 93); outra coisa é agir justamente porque se tem um motivo particular, um benefício visado ou um receio, que aconselha a ação justa. Nesse último caso, apenas a ação é justa, não o homem, que não é, então, em sentido estrito, considerado virtuoso.

É possível, desse modo, a partir destas observações, distinguir dois aspectos correlacionados da virtude: a) ela qualifica os costumes [*manners*] e não as ações particulares; b) ela determina um tipo de comportamento que não equivale exatamente à escolha de um procedimento racional ou em acordo com o nosso interesse, pois a um homem pode interessar agir de uma determinada maneira para evitar um castigo ou determinadas conseqüências de sua ação e nem por isso sua ação será virtuosa em sentido estrito: falta-lhe ser determinada por costumes virtuosos. É bem verdade, Hobbes insiste, que a virtude da justiça assim caracterizada é muito rara de ser encontrada para que se possa contar com ela como base da instituição do Estado. Ainda assim, interessa-nos o fato de Hobbes reservar, a partir de suas observações acerca do significado da justiça, um campo de aplicação do termo virtude que escapa ao domínio daquilo sobre o que a lei civil pode vir a exercer um papel determinante, pois enquanto estas podem definir o valor de nossas ações e influir sobre elas acenando com penas e recompensas, a virtude não qualifica as ações e sim os costumes, e não equivale exatamente à conduta visando um certo benefício, mas à conduta tal como determinada por costumes virtuosos. Vale a pena, assim, investigar o significado do termo costume [*manners*], tal como empregado por Hobbes, a fim de lançar luz sobre o sentido da virtude.

"Por costumes — define Hobbes — entendo aquelas qualidades da humanidade que dizem respeito à vida em comum, em paz e unidade" (L, XI, 160). Tais qualidades, enumeradas por ele ao longo do capítulo XI do *Leviathã*, são descritas em termos de inclinações que designam certas disposições de conduta, tais como a disposição para a inimizade e a guerra ou a disposição para a obediência a um poder comum, ou ainda, a disposição para a realização de ações louváveis, ou para o amor fingido, a gratidão, a ostentação, a confiança ou desconfiança nos outros etc. Algumas destas inclinações ou disposições procedem de determinados desejos — uns mais gerais, como o "desejo de poder e mais poder", comum a toda humanidade, outros mais específicos e particulares, como o "desejo de conforto ou prazer sensual", o "desejo de conhecimento e das artes da paz" ou o "desejo de louvores".

Se, por um lado, tais desejos remontam a determinadas tendências que definem a natureza mesma das ações voluntárias dos homens, as quais, segundo Hobbes, "não tendem apenas para conseguir, mas também para garantir uma vida satisfeita" (L, XI, 161, 64), por outro, eles dependem de certas circunstâncias que explicam seu caráter mais ou menos genérico. Assim, se o desejo de poder e mais poder é uma inclinação geral da humanidade, isto se deve, de um lado, a nossa tendência a procurar garantir uma vida satisfeita e, do outro, ao fato de "não se conseguir assegurar o poder e os meios para viver bem que atualmente se possuem sem adquirir mais ainda" (ibid.). Esta impossibilidade — Hobbes é claro nesse sentido — não se deve a uma qualidade do desejo dos homens, ou, se quisermos, à natureza de suas motivações;[5] ela se explica antes por uma circunstância na qual se inscreve o exercício do desejo e que determina que esse exercício se dê de uma certa maneira, que Hobbes caracteriza como um costume.

A dependência dos costumes em relação a determinadas circunstâncias é ainda mais clara e direta em outros exemplos oferecidos por Hobbes, como a inclinação para a luta, a inimizade e a guerra, presente, segundo ele, ali onde há "competição pela riqueza, a honra, o mando e outros poderes" — o que sugere que numa situação em que a competição não se faz presente ou não se faz necessária, a inclinação, que parece estar na dependência de uma lógica qualquer das relações humanas, deixa também de existir. Outro exemplo: a disposição para o amor fingido e ao ódio secreto procede do fato de se ter "recebido de alguém a quem consideramos nosso igual maior benefício do que esperávamos", sendo, portanto, despertada, por assim dizer, por uma circunstância específica de tempo, lugar e pessoa.[6] Da mesma forma, a gratidão frente a alguém de quem se recebeu benefício, mas que se considera superior, ou o ódio diante de alguém a quem se fez um mal maior do que o que se está disposto a sofrer, todas estas disposições de conduta dependem da posição que ocupamos diante de outras pessoas e de um certo contexto das relações sociais na qual nos inscrevemos. Os costumes, portanto, ou as tendências de comportamento que concernem a vida em comum parecem estar na dependência destas circunstâncias.

Outras destas tendências dependem de uma certa disposição de caráter, como por exemplo a dos homens vaidosos [*vain-glorious men*], que se inclinam para a ostentação mas não para a ação (L, XI, 163), ou para um engajamento descompromissado [*rash enganging*] (L, XI, 164) do qual se desviam no primeiro perigo; outras ainda da presença de uma certa qualidade, como a frugalidade, que "torna um homem inapto a empreender as ações que dependem da força de muitos" (ibid.), ou ainda, a pusilanimidade que dispõe à irresolução. Seja como for — e este é o ponto que nos interessa frisar —, os costumes são disposições mais ou menos circunstanciais que se exprimem imediatamente numa conduta superficial, passível de ser calculada e prevista pelos outros. Eles descrevem o que se espera, a expectativa de conduta de um homem vaidoso ou ignorante, ou de um homem que está numa determinada relação com outro homem, como numa relação de dependência ou obrigação, ou de um homem que se vê inscrito numa situação de disputa pela honra, e assim por diante.

É no sentido da descrição desta conduta superficialmente calculável, e não no sentido do descortinamento de nossas motivações profundas, que caminha a descrição hobbesiana do homem. É por isso que Hobbes poderá dizer, na introdução ao *Leviatã*, que, apesar da dificuldade de decifrar o coração humano e conhecer os desígnios secretos dos homens ou os objetos específicos de suas paixões, somos capazes, no entanto, de lermos em nós mesmos o gênero humano: o que se faz objeto de conhecimento não são as motivações ocultas, mas a lógica de nossa conduta, o que faz com que em dadas circunstâncias tenhamos tais ou tais inclinações, o que nos leva a agir desta ou daquela maneira. Os costumes, sobre os quais recaem os qualificativos da virtude e do vício, consistem nisto que estamos chamando de uma "conduta superficial".

Guardemo-nos, assim, da prevenção de projetar sobre a distinção hobbesiana entre a ação justa e a virtude da justiça, que qualifica os costumes, a distinção kantiana entre a ação conforme ao dever e a ação por dever.[7] Nada a princípio nos autoriza a pensar que a virtude resida para Hobbes numa certa qualidade da motivação íntima que determina a ação. Se ele adverte que as virtudes morais são louvadas não porque consistem num meio termo entre dois excessos, mas porque constituem meios de uma vida pacífica, e se estabelece que é essa sua causa determinante (a relação com a paz) que as faz virtudes (cf. L, XV, 216), isto de modo algum quer dizer que o valor da virtude esteja associado a uma certa qualidade da vontade, muito menos que ela é virtude porque desinteressada. O que a distinção hobbesiana sugere é outra coisa: não que a virtude da justiça resida na qualidade da motivação íntima que informa a ação justa, mas que ela não se traduz numa forma de procedimento (seja ele apenas conforme à razão ou motivado por ela, pouco importa), e sim num *ethos*, numa qualidade do caráter que informa a totalidade de uma conduta. É esta característica da virtude (qualificar a totalidade da conduta) que faz com que o homem justo não perca este título "por causa de uma ou algumas poucas ações injustas, derivadas de paixões repentinas ou de erros sobre coisas e pessoas" (L, XV, 206, 93).

Guardemo-nos também de desqualificar de antemão a distinção entre a justiça da ação e a justiça dos costumes como uma distinção periférica no texto hobbesiano, avessa ao seu espírito.[8] Vale notar que, na enumeração das leis de natureza — as regras que fixam o procedimento correto no sentido da instauração da paz e da instituição do Estado —, Hobbes sempre duplica o enunciado que prescreve a ação a ser empreendida com a indicação do nome da virtude que lhe corresponde. Assim, do mesmo modo que a regra "que os homens cumpram os pactos celebrados" corresponde à virtude da *justiça*, a regra "que quem recebeu benefício de outro homem, por simples graça, se esforce para que o doador não venha a ter motivo razoável para arrepender-se de sua boa vontade" corresponde à virtude da *gratidão*, a regra "que cada um se esforce por acomodar-se com os outros" corresponde à *complacência*, e assim por diante. Ainda que Hobbes não se detenha a cada passo para explicar, como fez no caso da justiça, a diferença entre a ação estipulada pela lei e a virtude, a distinção entre os dois sentidos do termo *justiça* convida a suspeitar que a virtude nomeada talvez não coincida exatamente com o empreendimento de uma ação prescrita pela lei.

Esta suspeita pode ser levada adiante se notarmos que as leis de natureza, no Estado de Natureza, não podem, com propriedade, ser ditas leis. Antes disso, elas são "qualidades que dispõem os homens para a paz e a obediência" (L, XXVI, 314). Enquanto disposições para a paz, as leis de natureza não obrigam propriamente. Falta-lhes a forma da lei que é a forma de uma ordem [*command*], isto é, a forma de um enunciado exprimindo através de signos claros e suficientes a vontade de alguém a quem devemos obediência. A lei prescreve determinadas ações e, nesse sentido, declara e especifica o que é a justiça, a eqüidade, a complacência, em suma, o conteúdo das virtudes morais que, antes de ganharem a forma da lei, não obrigam no sentido da realização de nenhuma ação particular — elas caracterizam uma disposição de conduta, por assim dizer, genérica no sentido da justiça, da gratidão, da complacência etc., sem determinar quais são as ações ou procedimentos que caracterizam tais virtudes. Ora, esta distinção entre a obrigação de empreender uma ação imposta pela lei, quando esta expressa uma ordem ou a vontade de alguém a quem devemos obediência, e a disposição para a paz que caracteriza as leis de natureza no Estado de Natureza não aponta justamente no sentido de uma caracterização das virtudes morais como distintas do procedimento ou da ação conforme ao que é prescrito pela lei? Não poderíamos dizer que ali onde falta a obrigação de empreender uma ação específica, seja porque as leis silenciam, seja porque estão de todo ausentes, resta a virtude como uma disposição de conduta que, sem prescrever nenhuma ação particular, cobra-nos ao menos um comportamento superficial em sua totalidade razoavelmente coerente no sentido da paz?

Deixemos por ora em suspenso esta questão para notarmos que a descrição hobbesiana das virtudes intelectuais caminha no sentido da confirmação da idéia de que a virtude é uma qualidade da "conduta superficial". A referência às virtudes intelectuais é importante, pois é no tratamento que dispensa a elas que Hobbes oferece o quadro mais completo do que ele entende ser a virtude. É preciso, sem dúvida, guardar as diferenças: as virtudes intelectuais não são virtudes morais. Elas não equivalem às leis naturais, não correspondem a um conteúdo racional específico e, a princípio, na medida em que são capacidades do espírito [*abilities of the mind*/*facultates animi*] que qualificam não propriamente as ações, mas os pensamentos dos homens e, sobretudo, dotam de estilo os seus discursos, não possuem de imediato uma relevância moral particular. Ainda assim, as virtudes intelectuais, sendo "aquelas capacidades do espírito que os homens elogiam, valorizam e desejariam possuir em si mesmos" (L, VIII, p.134; p.47), são exemplos de uma definição mais ampla de virtude, cujo sentido é sem dúvida relevante para a compreensão das virtudes morais.[9]

Tais virtudes são de duas sortes: adquiridas ou naturais. As primeiras consistem na razão, que se conquista por um uso adequado da linguagem. As segundas, que são ditas naturais não porque nascem com o homem, mas porque são adquiridas "apenas através da prática e da experiência, sem método, cultura ou instrução" (L, VIII, 134, 47), consistem "principalmente na celeridade da imaginação (isto é, rapidez na passagem de um pensamento a outro) e firmeza de direção [*steady direction*] para um fim escolhido" (ibid.). Às duas sortes de virtude, por sua vez, correspondem espécies de loucura.

Interessa-nos aqui a definição da loucura, contraponto da virtude, entendida como uma falta de medida não apenas do discurso, mas de todo comportamento. Assim como é loucura deixar desviar os pensamentos por coisas que "parecem novas e raras", mas que "os outros consideram uma ninharia" (ibid.), é loucura "ter por qualquer coisa paixões mais fortes e veementes do que geralmente se verifica nos outros" (L, VIII, 139, 50) ou ter paixões que "provocam comportamentos estranhos e invulgares" (ibid.), como a convicção de quem se crê inspirado: quando alguém declara uma tal convicção, não é "necessário esperar qualquer forma de ação extravagante como prova de sua loucura" (L, VIII, 141, 51). Toda forma de extravagância caracteriza loucura ou ausência de engenho, sendo aquela relacionada imaginação um caso particular dessa viciosa falta de medida.

A causa da loucura, em suas diversas manifestações, é sempre a mesma: as paixões. É porque as paixões entre os homens variam, que seus pensamentos seguem diferentes direções e "retêm e observam diversamente as coisas que passam pela imaginação de cada um" (L, VIII, 135, 47). São as paixões que fazem os engenhos diferentes, na medida em que as formas de discursos ou pensamentos que estes qualificam — o bom juízo e a boa imaginação — dependem do modo como estes discursos se põem a serviço de uma paixão. A boa medida do juízo e da imaginação depende, assim, de uma justa medida das paixões. Estas não devem ser nem muito fortes — o que caracteriza loucura —, nem muito fracas — o que constitui debilidade [*dulness*] (L, VIII, 139), sendo a debilidade e a estupidez o contrário daquela celeridade da imaginação que é estimada, quando não excessiva (L, VIII, 135). A imaginação se regula pelo juízo e não é jamais virtuosa sem ele, assim como o pensamento se direciona e se organiza pelo fim posto por uma paixão. A qualidade da imaginação depende, portanto, da qualidade das paixões que a regulam. E, assim como ao excesso da capacidade associativa da imaginação, a toda sorte de loucura corresponde um excesso das paixões: da loucura "existem quase tantas espécies como as das próprias paixões" (L, VIII, 139, 50).

Mais, porém, do que a justa medida das paixões, o que a virtude intelectual requer é uma boa medida no modo de sua apresentação. É nisso precisamente que reside a discrição, que regula a imaginação e se contrapõe à loucura:

> Os pensamentos secretos de cada homem percorrem todas as coisas, sagradas ou profanas, limpas ou obscenas, sérias ou frívolas, sem vergonha ou censura. Coisa que o discurso verbal não pode fazer, limitado pela aprovação do juízo quanto ao momento, ao lugar e à pessoa. Um anatomista ou médico [*physician*] pode falar ou escrever sua opinião sobre um assunto pouco limpo, porque nesse caso não se trata de agradar, e sim de ser útil. Mas se um outro homem escrevesse suas extravagantes e frívolas fantasias [*fancies*] sobre o mesmo assunto, seria o mesmo que alguém apresentar-se numa reunião [*before good company*] depois de ter-se espojado na lama. E é na falta de discrição que reside a diferença (L, VIII, 137, 49).

A discrição é mais do que a regulação da imaginação de modo a fazê-la tomar uma direção determinada. Sejam quais forem os conteúdos da imaginação e seu modo de encadeamento, o que a caracteriza é saber quando, onde e diante de quem convém expô-los. A discrição é, nesse sentido, *decorum*, ou, mais propriamente, *modestia*, no sentido de "preservação da ordem", "ciência da oportunidade dos momentos convenientes a uma ação".[10] É, portanto, por meio dessa conveniência ou adequação da conduta às circunstâncias que a envolvem e aos juízos que a estimam que as paixões se regulam. Nesse sentido, mesmo que as paixões não sejam as mais temperadas e os pensamentos os mais regulados, a virtude consiste em saber apresentá-los desta forma.

> Que a loucura não é mais do que um excesso de manifestação da paixão [*too much appearing passion*] é coisa que pode verificar-se pelos efeitos do vinho, que são idênticos aos da má disposição dos órgãos. Porque a variedade da conduta [*behaviour*] dos homens que bebem demais é a mesma que a dos loucos, uns enraivecendo-se, outros amando, outros rindo, tudo isso de maneira extravagante, mas conformemente às várias paixões dominantes. Porque os efeitos do vinho limitam-se a eliminar a dissimulação, ao mesmo tempo em que ocultam do próprio a deformidade de suas paixões. Porque, segundo creio, os homens mais sóbrios não gostariam que a futilidade e a extravagância de seus pensamentos, nos momentos em que andam sozinhos dando rédea solta à sua imaginação, fossem tornadas públicas, o que vem confirmar que as paixões sem guia não passam, em sua maioria, de simples loucura (L, VIII, 141-2, 51).

O guia das paixões é aqui o espectador ou o discernimento do modo adequado de expô-las, de maneira a dissimular suas imperfeições — uma idéia que Hobbes está certo poder ser entendida de pronto por seu leitor. Trata-se, com efeito, de um lugar-comum. Saber mostrar-se ou revelar-se, "expondo as virtudes, fortunas e méritos e cobrindo habilmente [*artificial covering*] as fraquezas, defeitos e desgraças", é para Bacon um dos preceitos da arte da negociação [*negotiation* ou *business*], uma parte da ciência civil.[11] Thomas Wright — para restringirmos os exemplos à Inglaterra — considera um preceito de prudência "não deixar as paixões expostas à censura do mundo", evitando que os outros descubram nossas fraquezas.[12] É por saberem "dissimular [*dissemble*] melhor suas paixões" que os italianos e espanhóis são considerados mais sofisticados e sábios que os ingleses. E é este o objetivo de Wright: ajudar a estes últimos "não a tornarem-se astuciosos e enganosos, o que é vicioso", mas a aprenderem a descobrir as paixões dos outros e a como se comportarem [*behave*], quando tomados pelas suas. Nisso está o princípio da "convivialidade [*conversation*] religiosa, civil e cortesã *gentlemanlike*), o que é virtuoso".[13] O saber comportar-se, tal que a conduta [*behaviour*] seja uma vestimenta [*garment*] adequada da mente, é também para Bacon a virtude que deve regular a convivialidade.[14]

É certo que não há para Hobbes, à diferença de Bacon e Wright, uma habilidade discriminativa exemplar, capaz de qualificar a justa medida de uma conduta particular e determinar universalmente o seu valor, todo valor sendo para Hobbes relativo àquele que o discrimina. Ainda assim, a disposição genérica para construir-se harmoniosamente aos olhos dos outros — aquela "conveniência [*decorum*] que brilha na vida, atrai a aprovação daqueles com que vivemos, em virtude da ordem, da constância e da moderação de tudo o que se diz e se faz"[15] — parece ainda merecer o nome de virtude. É isso, pelo menos, o que sugere a descrição hobbesiana das virtudes intelectuais e a adesão de Hobbes — de passagem, é verdade, mas por isso mesmo significativa — aos lugares-comuns da linguagem moral de seu tempo. As virtudes intelectuais não ocupam um lugar central na filosofia moral e civil de Hobbes. Mas o tratamento que Hobbes dá a elas é o índice de que não se trata para ele de romper com a idéia clássica de que a virtude consiste numa apresentação apropriada de si mesmo.

Não parece insensato reconhecer a mesma herança por trás da concepção hobbesiana das virtudes morais. Pois, se tais virtudes se qualificam antes como uma disposição para a paz do que como "boa aparência", é certo que esta disposição genérica só se realiza no interior de um espaço jurídico, em que cabe a cada um apresentar-se como uma pessoa estável e coerente — no sentido jurídico, mas também ético do termo. Hobbes não parece perder de vista o elo que une a pessoa jurídica — o sujeito de obrigações e direitos — à pessoa em relação à qual se define, classicamente, na forma do *decorum*, a beleza moral.

Observe-se a este respeito o tratamento por ele conferido à noção de pessoa no capítulo XVI do *Leviatã*. A identidade pessoal não repousa, para Hobbes, como para Locke, sobre o ato interior da consciência que reconhece uma série de ações e palavras como sendo minhas.[16] A pessoa, para Hobbes, não está dada, na forma da consciência ou sobre uma outra forma qualquer, como uma unidade ou substrato de ações. Parte-se não desta unidade, mas de um conjunto de ações e palavras a serem atribuídas por um observador a um substrato, que só existe enquanto unidade de ação por meio deste ato de atribuição. Uma pessoa — define Hobbes — "é aquele cujas palavras e ações *são consideradas* quer como suas próprias quer como representando as palavras e ações de outro homem, ou de qualquer outra coisa a que *sejam atribuídas*, seja com verdade ou por ficção" (L, XVI, 217, 100; grifos nossos). A pessoa não é, portanto, de imediato quem diz e age, mas um conjunto de ações e palavras a serem atribuídas a algum sujeito ou substrato que não necessariamente aquele mesmo que diz e age, e que pode não existir a não ser por este ato de atribuição. É o caso da personificação civil: não há uma coletividade que pudesse ser sujeito das ações e palavras que a ela são atribuídos a não ser aquela que é constituída pela representação, isto é, pela atribuição das palavras e ações de alguém — o soberano — a um conjunto de homens, que reconhecem tais palavras e ações como suas. A instância representante produz, assim, a unidade da instância representada, na medida em que suas palavras e ações lhe são atribuídas. Isto não vale, contudo, apenas para a constituição da unidade de uma coletividade. Em toda personificação, mesmo a natural, a instância representada não está dada, mas se constitui pela representação.

A pessoa natural envolve, como a artificial, uma relação de representação, ainda que na definição de pessoa Hobbes associe a noção de representação apenas à pessoa fictícia (na versão latina: *persona repraesentativa*). "Personificar — dirá Hobbes adiante — é atuar [*to act*] ou representar, seja a si mesmo ou a outro" (L, XVI, 217). Assim, também para a pessoa natural, o ponto de partida não é a pessoa em sua unidade natural, mas enquanto um conjunto de ações e palavras que representam aquele mesmo que age. Dizer que uma pessoa natural representa a si mesma equivale a dizer que suas palavras e ações *são consideradas* como suas ou lhe *são atribuídas*. A personificação pressupõe, portanto, um espectador que ao atribuir certas palavras e ações a alguém, seja àquele que as executa ou a outro, constitui, por este ato de atribuição e no interior de uma relação de representação, o sujeito de inerência de tais ações e palavras, enquanto instância representada. Um sujeito de direitos e obrigações se constitui, assim, no interior de uma espécie de teatro jurídico, em que certas palavras e ações, por um efeito de representação, lhe são atribuídas.

É o próprio Hobbes quem faz uso da metáfora teatral, para apoiar a tese de que a personalidade jurídica se constitui como uma representação:

> A palavra "pessoa" é de origem latina. Em lugar dela os gregos tinham *prósopon*, que significa *rosto*, tal como em latim *persona* significa o *disfarce* ou a *aparência exterior* de um homem, imitada no palco. E por vezes mais particularmente aquela parte dela que disfarça o rosto, como a máscara ou viseira. E do palco a palavra foi transferida para qualquer representante da palavra ou da ação, tanto nos tribunais como nos teatros. (L, XVI, 217, 100)

A pessoa não é apenas um agente, aquele que age em nome de um outro ou de si mesmo; ela é também um ator. Hobbes joga com a origem etimológica da palavra *pessoa* e com os dois sentidos do verbo *to act* para fazer ver que a unidade jurídica da pessoa não é uma unidade de ação dada, mas construída por um efeito de representação, isto é, aos olhos dos outros, na medida em que, como uma platéia, atribuem certas palavras e ações a alguém. Se este alguém assume então as palavras e ações que lhes foram atribuídas, ele o faz, não porque as produziu, mas porque a representação o pressupõe. Para que haja pessoas jurídicas, assim como personagens teatrais, é preciso assumir diante dos outros os efeitos da representação — em outros termos: é preciso pautar-se pela expectativa de conduta que criamos quando assumimos uma personalidade, isto é, quando nos representamos supondo que alguma coisa suporta e confere unidade a nossas ações.

Representar é, assim, portar uma pessoa — "sentido usado por Cícero — precisa Hobbes — quando diz: *unus sustineo tres personas; mei, adversatii, et judiciis* — sou portador de três pessoas; eu mesmo, o adversário e o juiz" (L, XVI, 217, 100). A passagem citada encontra-se no *De oratore*, II, XXIV, 102. Trata-se de uma fala de Antônio, na qual portar uma pessoa significa agir e pensar em seu lugar, procurando a coerência do personagem e do argumento que deve defendê-lo ou acusá-lo. Portar uma pessoa equivale a assumir o seu ponto de vista e organizar ações e discursos coerentemente a partir deste eixo presumido. Há personificação quando agir é atuar, isto é, quando as ações se coordenam na constituição de um personagem que lhes dá coerência. Assim, atribuir ações e palavras a alguém implica supor este alguém como um sujeito que confere o sentido, a relação, a coerência de certas palavras e ações. O interessante é que isso se faz centrípeta e não centrifugamente, isto é, das ações representadas ao sujeito que lhes confere coerência e não o contrário. Ou seja: o sujeito da ação se constrói como um personagem, um ponto de fuga da representação, não existindo sem ela.

Não é preciso ir muito longe para identificar a inspiração retórica desta doutrina da personificação: é o próprio Hobbes quem cita o *De oratore* de Cícero. Mas o reconhecimento dessa fonte não implica também reconhecer um modelo de virtude operante por trás da noção hobbesiana de pessoa? Portar uma pessoa ou agir em seu nome, como faz o Antônio de Cícero na passagem citada por Hobbes, envolve, como lembra Quintiliano, adaptar-se ao seu caráter [*mores*],[17] de modo que, ao representarmos os afetos de alguém, o façamos com apropriação, *decorum*, respeitando a variedade dos caracteres personificados.[18] Cada pessoa têm o *ethos*, a disposição afetiva,[19] que lhe convém, sendo o *ethos* que convém ao orador aquele que mais apraz [*jucundissima*], isto é, "a cortesia [*humanitas*], a afabilidade [*facilitas*], a moderação [*moderatio*] e a benevolência [*benevolentia*]".[20] Ora, este *ethos*, do qual se ocupa a parte da filosofia a que se chama moral, é antes de mais nada uma representação, "como os retratos que traçamos [*effingimus*] nas escolas, dos camponeses, dos supersticiosos, dos avaros, dos tímidos".[21] Ou seja, o *ethos* ou *mores* se constitui pela conveniência entre um aspecto exterior e uma certa disposição afetiva que o sustenta, mas que não está dada senão como representação, na forma de um retrato. Ser virtuoso, neste quadro, equivale a retratar-se bem, isto é, não apenas com *decorum*, em acordo com o que se é, mas em acordo com o que é aprazível ao espectador, como faz o bom orador.

Seria evidentemente exagero dizer que Hobbes visasse, com sua noção de pessoa, a elegância no apresentar-se (embora uma tal elegância estivesse em seu horizonte, como mostra a sua caracterização das virtudes intelectuais). A pessoa é, antes de mais nada, uma abstração jurídica — mais precisamente um sujeito de obrigações — e não a expressão deste ou daquele *ethos* particular, com tudo o que lhe convém. Além disso, Hobbes desenvolveu sua doutrina da personalidade, no *Leviatã*, para dar conta de uma relação jurídica particular — a relação entre os súdidos e o soberano, pensada como uma relação de autorização, isto é, de concessão do direito de representar. Ele não tinha de modo algum em vista, pelo menos não diretamente, uma caracterização da virtude.

O certo, porém, é que a teoria da autorização, que sustentará a teoria da soberania do *Leviatã*, é elaborada por Hobbes no interior de uma teoria mais abrangente da representação. A autorização é um caso particular de representação — mais especificamente, um tipo de pessoa artificial: "das pessoas artificiais, algumas têm suas palavras e ações reconhecidas como suas [*owned*] por aqueles a quem representam" (L, XVI, 218).[22] Este reconhecimento, no qual reside a autorização, funda uma correlação de direitos (o direito do ator de agir em nome do autor) e obrigações (aquelas que o autor assume através do ator). A autorização é o que faz da pessoa uma fonte de obrigação, posto que a funda sobre um contrato. O interessante, porém, é que o pano de fundo da doutrina da autorização seja uma teoria da personificação, de inspiração claramente retórica — o que sugere que a pessoa, como abstração jurídica, nem por isso é destituída de um conteúdo moral, de inspiração igualmente retórica. A personificação, pela qual passamos a tomar parte no mundo das trocas jurídicas e sobre a qual se constrói o Estado civil, é também o ponto de fuga de um pensamento moral, para o qual a virtude é uma disposição para assumir aos olhos dos outros as conseqüências de um modo coerente e articulado, e — por que não? — elegante, de expressão da vontade ou das paixões. Numa relação contratual, isto significa empreender as ações a que nos vemos obrigados em função do modo como expressamos nossa vontade no ato do contrato, pouco importando qual é de fato nossa vontade ou nossas intenções íntimas: a obrigação recai sobre as ações e palavras que as representam, ou, se quisermos, sobre a vontade tal como pode ser suposta pelos outros a partir de nossas ações e palavras. Fora de um ato contratual ou ali onde os pactos são nulos não se tendo propriamente obrigações de nenhuma ordem, resta a virtude, como uma disposição genérica para exprimir na conduta ou no comportamento superficial uma vontade de paz ou supostamente racional.

Algumas passagens do *Leviatã*, no entanto, parecem apontar em sentido contrário à idéia da virtude como uma qualidade da conduta e do comportamento superficial. É assim quando Hobbes nos diz que "as leis de natureza obrigam *in foro interno*, quer dizer, impõem o desejo [*they bind to a desire*] de que se tornem efetivas [*they should take place*]; mas *in foro externo*, isto é, ao pô-las em prática, nem sempre obrigam" (L, XV, 215). As leis de natureza, prossegue Hobbes, obrigam a que nosso propósito [*purpose*; na versão latina: *voluntas*] esteja no sentido da lei, e, por isso, podem ser quebradas mesmo por uma ação conforme à lei, quando nosso propósito lhe for contrário (ibid.). *Propósito, desejo, vontade, foro interno*: estes termos não parecem indicar que o âmbito de validade da lei, ali onde ela não tem propriamente a forma de uma lei e vale antes, como sugerimos, enquanto virtude, é o âmbito da consciência e da interioridade e não o da conduta e da visibilidade? Esta interioridade não caracterizaria um espaço moral ao qual a lei e sua regulação jurídica não teriam acesso e que, nesse sentido, permaneceria distinto do espaço político instituído com o Estado, cuja natureza é de ordem essencialmente jurídica?[23]

A interpretação da obrigação *in foro interno* como uma obrigação que recai sobre a vontade ou as motivações ocultas do agente coloca, contudo, de imediato, um problema. Pois, para Hobbes, não parece haver sentido em fazer recair sobre a vontade a idéia de obrigação. Ao menos, é isto o que exige a definição hobbesiana da liberdade. A liberdade de um homem consiste em não estar "impedido de fazer o que tem vontade de fazer" (L, XXI, 262, 133). Ela é, portanto, liberdade da ação e não da vontade. Mesmo porque algo como a liberdade da vontade não é semanticamente possível: o nome "livre" é o nome de um corpo, e não pode ser aplicado às mesmas coisas a que se aplica o nome "vontade", que é nome de um acidente. Daí o absurdo da expressão "livre-arbítrio", que só pode ser compreendida se pensarmos uma tal liberdade como a liberdade, não do arbítrio, mas do homem, "a qual consiste no fato de ele não deparar com entraves ao fazer aquilo que tem vontade, desejo ou inclinação de fazer" (ibid.). Dada esta definição da liberdade, a sua restrição — e a obrigação é uma forma de restrição da liberdade — só pode ser um obstáculo não à vontade propriamente dita, pois a vontade não é livre e está submetida ao encadeamento necessário dos eventos, mas a uma ação, que deixa de ser executada segundo a própria vontade. Assim, que sentido pode haver em dizer que as leis de natureza de alguma maneira, ainda que não *in foro externo*, obrigam?

Notemos que a fim de explicar no que consiste a obrigação *in foro interno* é à lógica da obrigação contratual — a obrigação *in foro externo* — que Hobbes recorre: se as leis de natureza só valem *in foro interno* é porque "aquele que fosse modesto e tratável, e cumprisse todas as suas promessas numa época e num lugar onde mais ninguém fizesse, tornar-se-ia presa fácil para os outros, e inevitavelmente provocaria sua própria ruína, contrariamente ao fundamento de todas as leis de natureza, que tendem para a preservação da natureza" (ibid.). A obrigação *in foro interno* é, assim, o que resta da obrigação propriamente dita, a obrigação *in foro externo*, a obrigação contratual, numa situação em que os contratos são nulos e nenhuma ação, em conseqüência, tem caráter obrigatório. Mas o que precisamente pode restar da obrigação contratual nesta situação?

Se não a vontade propriamente dita, da qual não faz sentido dizer que ela se vê obrigada, é a conduta que de um modo geral representa ou exprime a vontade que se pode dizer ser obrigada a ser condizente com uma vontade de paz. Isto é, o esforço exigido pelas leis de natureza e correspondente à virtude pode ser entendido como o esforço de portarmo-nos de uma maneira tal a nos representarmos por meio de nossa conduta exterior como alguém cuja vontade é uma vontade de paz.

Com efeito, as leis de natureza não ditam o que deve ser a vontade, mas o que deve ser a conduta tal como esperada pelos outros quando se trata de instituir as condições da paz, levando-se em conta uma vontade supostamente em conformidade com este fim. Assim, por exemplo, a gratidão diante de um benefício concedido pela simples graça, prescrita pela quarta lei, indica a conduta esperada pelo benfeitor, como condição da dádiva. Da mesma forma a complacência, o perdão etc. trata-se de expectativas de conduta daqueles cujas vontades supostamente visam a paz, por parte dos outros, com quem se põem em relação, sendo que a paz depende da confirmação destas expectativas. Que aquilo que se requer não seja uma vontade efetivamente grata, complacente etc., mas uma conduta adequada a uma vontade supostamente grata, complacente etc., mostra-o com clareza a formulação da oitava lei: "que ninguém por atos, palavras, atitude ou gesto declare ódio ou desprezo pelo outro" (L, XV, 211, 95). O que está em questão é uma vontade representada nos atos e palavras como vontade de paz, e que não pode ser, razoavelmente, a de ódio ou desprezo. Da mesma forma, a nona lei, ao prescrever "que todo homem reconheça os outros como seus iguais por natureza", não visa o reconhecimento efetivo, profundo e íntimo da igualdade, mas que se aja *como se* ela fosse reconhecida, pois é isso o que esperam de quem razoável e coerentemente visa a paz àqueles com quem se pretende instituir suas condições: "como os homens, dado que se consideram iguais, só em termos igualitários aceitam entrar em condições de paz, essa igualdade deve ser admitida" (L, XV, 211, 96).

Desse modo, o que estamos sugerindo é que, se o vocabulário jurídico da obrigação é de alguma forma compatível com a virtude ou com o que é requerido pelas leis de natureza quando estas não prescrevem nenhuma ação particular (e Hobbes sugere esta compatibilidade quando dá a forma da lei às virtudes e diz que, de alguma maneira, ainda que imprópria, elas obrigam), se há compatibilidade entre os registros jurídico e moral, então, nós devemos compreender a virtude não como uma qualidade da vontade ou das intenções ocultas, mas da conduta, dos costumes, do comportamento visível e superficialmente calculável, pois é apenas a estes últimos que faz sentido fazer recair o vocabulário da obrigação.[24]

Esta observação permanece válida mesmo no que diz respeito às passagens, problemáticas para a nossa perspectiva, nas quais Hobbes, associando as leis de natureza às leis de Deus, argumenta que a sua transgressão e todo ato contrário às virtudes morais, ainda que não constituam crimes, constituem pecados, consistindo estes "além da prática de um ato, ou do pronunciar de palavras proibidas pela lei, ou da omissão do que a lei ordena, também na intenção ou propósito de transgredir" (L, XXVII, 335, 179). Esta intenção, não podendo ser julgada pelos homens, pode contudo ser julgada por Deus, "que vê os pensamentos dos homens", e por cada um de nós no âmbito de nossa própria consciência (L, XXVII, 336, 179). Sem querer entrar na discussão acerca da sinceridade ou não da fé cristã de Hobbes, o fato é que ele não parece disposto a fazer depender o seu sistema político e moral da presença desta fé nos homens. Sua posição parece ser que, para os homens de fé, as virtudes morais podem ser interpretadas em termos das virtudes cristãs, cujo âmbito de validade é, primeiramente, mas não exclusivamente, o da consciência. Para aqueles, contudo, que não possuem esta fé, para os quais não faz sentido dizer que as leis de natureza são a expressão da vontade de um Deus capaz de dar ordens e de julgar nossas intenções secretas, resta uma interpretação alternativa da virtude, para a qual o propósito de uma ação, tal como a ação mesma no âmbito jurídico, só pode ser avaliado pelos outros quando, cessando de ser secreto, deixa-se manifestar na forma de uma conduta ou de um costume, de um *ethos*, que será virtuoso na medida em que exprimir, representar ou retratar uma vontade ou intenção de paz.

Notas

1. As referências ao *Leviatã*, quer ao longo do texto, quer nas notas, vêm indicadas pela letra L, seguida do número do capítulo em algarismo romano, dos números da página da edição de Macpherson (Londres, Penguin, 1981) e da tradução de João Paulo Monteiro e Maria Beatriz Nizza da Silva (São Paulo, Abril Cultural, Coleção Os Pensadores, 1979), quando esta for utilizada, ambos em algarismo arábico.

2. Ver, por exemplo, Leo Strauss, *La philosophie politique de Hobbes*, Paris, Belin, (1936) 1991, cap.IV; Yves-Charles Zarka, *Hobbes et la pensée politique moderne*, Paris, PUF, 1995, cap.II.

3. "A natureza dos homens é tal que, embora eles possam reconhecer em muitos outros maior engenho, eloqüência ou saber, ainda assim eles dificilmente acreditam que haja muitos tão sábios quanto eles próprios: pois eles vêem seu próprio engenho de perto e o dos outros homens à distância. Mas isso prova que os homens são iguais quanto a esse ponto, e não que sejam desiguais. Pois geralmente não há signo mais claro da distribuição eqüitativa de alguma coisa do que o fato de todos estarem contentes com a parte que lhes coube." (L, XIII, p.184/ 78).

4. A formulação de Hobbes é, na verdade, inversa: "Um homem iníquo não deixa de ser assim considerado por causa das ações que faz ou deixa de fazer devido ao medo, pois sua vontade não é determinada pela justiça mas pelo benefício aparente do que faz." (L, XV, p.207/ 93).

5. Hobbes assinala que a causa do desejo de poder e mais poder "nem sempre é que se espere um prazer mais intenso do que aquele que já se alcançou, ou que cada um não possa se contentar com um poder moderado" (L, XI, p.161/ 64), i.e., nem sempre é algo que diga respeito à natureza mesma do desejo, uma espécie de insaciabilidade que lhe seria inerente, mas, como indicamos, o fato de não se poder assegurar uma vida satisfeita sem a aquisição de mais e mais poder. Ora, esse fato parece ser uma circunstância externa que determina que o desejo de uma vida satisfeita só se realize pela aquisição progressiva do poder, nada impedindo pensar que, alterada essa circunstância, o

exercício do desejo venha a se dar de outra forma. Com efeito, no Estado Civil as garantias de uma vida satisfeita não são identificadas, como no Estado de natureza, com a aquisição progressiva de um poder pessoal. A passagem de um Estado a outro pode, assim, ser entendida como uma transformação das circunstâncias externas ou do contexto em que se inscreve o exercício do desejo, o que terminaria por transformá-lo ou direcioná-lo para outros objetos.

6. Sobre isso vale lembrar a flagrante influência da *Retórica* de Aristóteles sobre a teoria hobbesiana das paixões e dos costumes e o fato de que as paixões não são, para Aristóteles, disposições gerais; elas são experimentadas por certos indivíduos, segundo o modo como eles avaliam e se inserem em situações específicas, em relação a pessoas determinadas. Aristóteles insiste mais de uma vez nesse caráter eventual da paixão. Em relação a *charis*, por exemplo, ele nos diz que devemos levar em conta todas as categorias, como as de tempo, lugar e qualidade (1385b5). Sobre o medo, lembra que o sentimos "frente a pessoas particulares, de uma forma particular e em ocasiões particulares" (1382b35). A paixão é, assim, um evento particular, determinado por uma série de circunstâncias particulares que fornecem um contexto no interior do qual ela se forma. Se quisermos compreendê-la e, como cabe ao retor, movê-la, é para esse contexto, mais do que para certas características do sujeito que a experimenta, que devemos atentar.

7. Ver, nesse sentido, A.E. Taylor, "The ethical doctrine of Hobbes", *Philosophy* vol.XIII, 1938.

8. Ver, nesse sentido, Leo Strauss, *La philosophie politique de Hobbes*, op.cit., p.88-9.

9. A distinção entre virtudes morais e intelectuais remonta a Aristóteles (cf. *Ética a Nicômaco*, VI, 1, 1139a) . As primeiras consistem numa certa disposição de caráter que visa a mediania das paixões e das ações (cf. ibid., II, 6). As segundas dizem respeito à boa realização dos princípios racionais da alma, subdividindo-se em dois grupos, um relativo à sabedoria contemplativa, outro à prática. Trata-se, porém, para Aristóteles, não de distinguir dois campos separados de exercício da virtude, mas de mostrar a interdependência entre eles e, portanto, a relevância moral das virtudes intelectuais. Quanto à sabedoria filosófica, "ela é uma parte da virtude inteira" e, portanto, de sua posse depende também a felicidade (ibid., VI, 12, 1144a-5). Quanto à sabedoria prática, não é possível possuí-la sem que se possua a virtude moral (ibid., VI, 12, 1144a-35), do mesmo modo que esta última, em sentido estrito, envolve a sabedoria prática (ibid., VI, 1144b-15).

10. Cícero, *De Officiis*, I (XL, 142). O exemplo oferecido por Cícero do vício contrário à *modestia* é próximo ao de Hobbes: "É desagradável (*turpe*) e fortemente vicioso (*vitiosum*) em situações sérias lançar palavras leves ou próprias para serem ditas à mesa (*convivio digna*)." (*De Officiis*, I (XL, 143)).

11. F. Bacon, *Advancement of learning*, in Vickers, B. (org.), The Oxford Authors: Francis Bacon, Oxford UP, 1996, p.277.

12. T. Wright, *The Passions of the Mind*, Londres, 1630, p.138.

13. Ibid., p. VIII.

14. F. Bacon, *Advancement of learning*, op.cit., p.266.

15. Cícero, *De Officiis*, I (XXVIII, 97).

16. Cf. Locke, *An essay concerning human understanding*, Chicago, University of Chicago Press, 1952, Great Books XXVII, p. 9.

17. Quintiliano, *Institution Oratoire*, Paris, Garnier, s/d., X, I, p. 39.

18. Ibid., 41.

19. O *ethos* grego é, como nota Quintiliano, o que se traduz normalmente em latim por *mores*. A tradução só é pertinente, contudo, ainda segundo Quintiliano, se se entender por *mores* todo e qualquer estado da alma (*habitus mentis*) e não um estado em particular, como sugere o termo latino. O *ethos* designa uma modalidade de disposição afetiva, aquela composta pelas paixões calmas e ordenadas (*mites atque compositos affectus*), à diferença do *pathos*, que designa as paixões violentas (*concitatos*). Ibid., VI, II, 8.

20. Ibid., XI, I, 42.

21. Ibid., VI, II, 17.

22. João Paulo Monteiro e Maria Beatriz Nizza da Silva traduzem da seguinte maneira essa passagem: "Quanto às pessoas artificiais, em certos casos algumas de suas palavras e ações *pertencem* àqueles a quem representam." Com efeito, o verbo *to own* pode significar "possuir", além de "reconhecer como verdade" ou "admitir". Que a segunda tradução seja mais apropriada é o que mostra, porém, a versão latina da passagem, que traz *agnoscere* no lugar de *to own*. Sendo assim, optamos por seguir Tricaud, que traduz *to own* por *sont reconnues par siennes*. A tradução brasileira tem, além do mais, a desvantagem de escamotear o fato de que as palavras e ações só pertencem à instância representada na medida em que lhe são atribuídas.

23. Ver nesse sentido R. Kolelleck, *Crítica e crise*, Rio de Janeiro, Eduerj, 1999, cap.1.

24. O campo jurídico só se instaura propriamente a partir da instituição do Estado civil e da conseqüente obrigação diante das leis positivas. Mas, como notamos, é possível falar de virtudes mesmo ali onde não há obrigação. As virtudes não são o outro do jurídico: elas constituem na forma das leis naturais o subsolo da leis civis, sua parte não escrita, e obrigam na medida em que estão contidas nas leis civis. Entenda-se: elas definem o que se supõe ser a vontade daqueles que tomam parte no campo de relações jurídicas instituído pelo Estado. Tal suposição deve pautar a conduta moral de quem institui a lei enquanto representante dessa vontade e que, não estando ele mesmo submetido às leis positivas, tem ainda assim a obrigação moral de conduzir-se de acordo com a vontade supostamente racional que representa. A mesma suposição deve ainda pautar o procedimento daquele que interpreta a lei, quando a ambigüidade de sua letra conduz à suposição de seu espírito, i.e., à suposição da racionalidade da vontade de que ela é produto. E a mesma suposição é ainda o que pauta a conduta do homem justo, que obedece à lei não porque tema as conseqüências da desobediência, mas porque enquanto um homem virtuoso se compreende moralmente obrigado a conduzir-se de acordo com a racionalidade da vontade de que a obediência é signo e que é supostamente (i.e., diante dos outros e não necessariamente diante de si mesmo) a sua. As leis de natureza exprimiriam assim o conteúdo de uma vontade supostamente racional e as virtudes a conduta em conformidade com essa vontade, sendo que é sobre a conduta representante da vontade, e não sobre a vontade propriamente dita, que recai a obrigação moral.

A RETÓRICA NA FILOSOFIA POLÍTICA DE THOMAS HOBBES[1]

Yara Frateschi
Doutoranda em filosofia pela
Universidade de São Paulo

Recentemente, comentadores têm se debruçado sobre o papel da retórica na filosofia política de Thomas Hobbes.[2] Na maior parte das vezes, a questão que primeiro vem à tona é a seguinte: por que o filósofo, que condena veementemente a retórica nos *Elementos da lei* e no *Do cidadão*, passa a defender, no *Leviatã*, a união da razão com a eloqüência? Aqui trataremos brevemente desta questão.

Em seu livro *Reason and Rhetoric in the Philosophy of Hobbes*, Skinner mostra que os primeiros trabalhos do filósofo revelam profunda absorção da cultura retórica do humanismo renascentista e que, entretanto, nos *Elementos da lei* (1640) e no *Do cidadão* (1642), ele rompe com essa tradição, passando a negar o ideal da união da razão com a eloqüência. No desenrolar do livro, Skinner mostra ainda que, apesar da crítica ferrenha à arte retórica feita nas obras de 1640 e 1642, Hobbes passa a aceitar e a defender o casamento da razão com a eloqüência no *Leviatã* (1651). O comentador atribui a rejeição da retórica nas duas primeiras obras ao fato de Hobbes estar, naquele momento, "*otimista em relação à capacidade da razão para persuadir*", ao passo que a aceitação da retórica no *Leviatã* se deveria, por sua vez, "*à perda desse otimismo*".[3]

Parece-nos, contudo, que em nenhum momento de seu percurso intelectual, Hobbes atribui à razão e à ciência tamanho poder, pelo menos quando se trata de persuadir a maior parte dos homens. Devemos lembrar que, em 1628, na Introdução à tradução de Tucídides, ele afirma que a verdade sem a elocução é inapta para instruir. O que, então, nos permitiria supor que, em 1640 e em 1642, Hobbes exibisse um otimismo que claramente não exibe em 1628? Talvez o fato de ter conhecido os *Elementos* de Euclides e se apaixonado pela geometria. Certamente, essa descoberta é marcante na vida intelectual do filósofo que buscou reduzir a doutrina política às regras da razão e transformá-la em uma ciência. No entanto, não parece que a paixão por Euclides o tenha feito abandonar uma convicção que tinha há muito, a saber, a de que a razão, por si só, é incapaz de despertar a atenção e produzir o consenso.

Em 1628, a história é vista por Hobbes como um instrumento para a instrução dos homens. Por trás disso está a seguinte constatação: a verdade dos preceitos falha em mover a vontade, ao mesmo tempo em que a eloqüência, por si só, não serve para instruir. Daí a necessidade da união da razão com a eloqüência, e a definição da história como "verdade e elocução". Na Revisão e Conclusão do *Leviatã*, o foco de Hobbes não é mais a história, e sim as ciências morais, e novamente o filósofo defende a união da razão com a eloqüência, pois a primeira terá pouco efeito sem o auxílio de um discurso poderoso, capaz de despertar a atenção e produzir o consenso.[4] Ainda que Hobbes critique ferozmente a retórica nos livros de 1640 e 1642, neles afirma — em plena concordância com o que afirmara tanto em 1628 como em 1651 — que são as paixões, muito mais que a verdade dos preceitos da razão ou da ciência, que mobilizam os homens, ao menos a maior parte deles. Do mesmo modo, admite que o conhecimento da verdade requer longas deduções e muita atenção, o que não é prazeroso para os homens.[5] Destarte, fazer de Hobbes, em 1640 e 1642, um otimista em relação à capacidade da razão para instruir e persuadir é criar um hiato que não se vê como justificar.

Talvez possamos dizer que a descoberta dos *Elementos* de Euclides tenha suscitado o projeto de transformar a política em ciência, mas não que Hobbes tenha adquirido uma confiança súbita na capacidade da razão para persuadir os homens em geral das verdades estabelecidas pela ciência política. Parece que a negação da retórica em 1640 se deve menos a esse suposto otimismo em relação ao poder da razão para persuadir, como quer Skinner, do que ao fato de Hobbes estar então preocupado em fundamentar a ciência política — tarefa que exclui o uso da retórica, uma vez que esta serve à transmissão, e não à fundamentação de uma ciência.

A partir da Epístola Dedicatória dos *Elementos da lei*, Skinner infere que, para Hobbes, em 1640, o poder da razão era suficiente, mesmo nas questões de justiça e política, para fazer surgir uma forma de saber isenta de controvérsias e disputas. O comentador vê aí um indício de que Hobbes acreditava, naquele momento, que a razão tinha "*uma capacidade inerente de persuasão*". Vejamos, porém, o que diz o texto da Epístola:

> Das duas principais partes da nossa natureza, Razão e Paixão, procedem dois tipos de saber: o matemático e o dogmático. O primeiro está livre de controvérsias e disputas, porque consiste apenas na comparação de figuras e movimentos; nessas coisas, a verdade e o interesse dos homens não se opõem. Mas, no segundo, nada é indiscutível, porque compara os homens e se imiscui nos seus

> direitos e lucros; aqui, sempre que a razão estiver contra um homem, ele, por sua vez, estará contra a razão ....[6]

Certamente, a Epístola mostra que Hobbes pretendia tirar a política do domínio do saber dogmático e transformá-la em ciência, a qual está "*livre de controvérsias e disputas*".[7] Mas esse texto não nos permite inferir que Hobbes, além de pretender fundamentar a ciência política, esperasse também que os homens em geral fossem persuadidos das verdades por ela estabelecidas — e passassem, conseqüentemente, a obedecer a seus soberanos civis, por força de uma suposta capacidade persuasiva inerente à razão.

Skinner afirma ainda que Hobbes combate, nessa Epístola, a idéia, defendida pelos humanistas do Renascimento, de que é necessário fazer uso da força mobilizadora da eloqüência para conquistar o grande público, pois a razão seria suficiente para persuadi-lo.[8] Entretanto, parece que, em nenhum momento, nem mesmo nos *Elementos da lei*, Hobbes pensou que a razão fosse suficiente para conquistar o grande público. Como observa muito bem Keith Thomas, embora o filósofo sustente, em 1640, que "*as regras do justo e do injusto podem ser deduzidas de princípios evidentes até para aqueles de menor capacidade*", ele sabe que são poucos os homens capazes de fazer essa dedução.[9] Tanto é que endereça seu livro a um público restrito de homens eruditos, para o qual escreve usando apenas a lógica, sem lançar mão das estratégias persuasivas oferecidas pela arte retórica. Dito de outro modo (e fazendo uso da terminologia de Skinner), se Hobbes era otimista em relação à capacidade persuasiva da razão, esse otimismo dizia respeito apenas a um pequeno grupo de homens eruditos, aos quais dirige a fundamentação da ciência política.[10]

Assim como não parece que a negação da retórica em 1640 e 1642 se deva a uma confiança na capacidade *inerente* da razão para persuadir, não parece também, conseqüentemente, que a aceitação da retórica no *Leviatã* se deva à perda dessa confiança. O que teria feito, então, Hobbes passar a defender a união da razão com a eloqüência em 1651? Tal como os *Elementos da lei* e o *Do cidadão*, o *Leviatã* também pretende estabelecer os princípios verdadeiros da filosofia civil e se constituir como uma obra de ciência política, que parte de princípios verdadeiros para deles extrair conclusões necessárias. Diferentemente das obras anteriores, esse livro não é endereçado apenas, nem principalmente, a homens eruditos, capazes de acompanhar os passos da ciência. Nele, Hobbes está sobretudo preocupado com a instrução pública e a formação das opiniões dos homens em geral.[11] Assim, a aceitação e o uso da eloqüência em 1651 não se explicaria pelo fato de ser um dos objetivos principais do *Leviatã* a formação, nos súditos, de opiniões favoráveis à obediência civil? Vejamos.

É comum às três obras de filosofia política de Hobbes a idéia de que as ações dos homens derivam das suas opiniões. A cadeia causal que culmina na ação é a seguinte: as opiniões (sobre prejuízos ou benefícios) determinam as paixões, as quais determinam (no final do processo de deliberação) a vontade, que, por sua vez, determina a ação. As ações voluntárias têm origem na vontade de fazer ou não alguma coisa. E isso, por sua vez, depende da nossa opinião sobre o bem e o mal, a recompensa ou o castigo, que concebemos decorrer da nossa ação.[12] Sendo assim, as ações voluntárias, que tendem para a realização de uma vida satisfeita, surgem da opinião que cada um tem acerca das causas que produzem os efeitos desejados. Conseqüentemente, tanto os *Elementos da lei* como o *Do cidadão* e o *Leviatã* afirmam que o soberano deve deter em suas mãos a ameaça de castigos e a promessa de benefícios e recompensas. Isso significa que ele deverá agir não apenas sobre as ações externas dos seus súditos, mas também sobre o primeiro elemento da cadeia causal que culmina na ação: a opinião.

Entretanto, a despeito dessa idéia ser comum às três obras, nota-se que Hobbes mostra-se cada vez mais preocupado com a questão da formação das opiniões. Da primeira à última página do livro de 1651, ele denuncia a maneira como o clero controla as opiniões dos súditos, com a intenção de aumentar o poder da Igreja em detrimento do poder civil. Na Carta Dedicatória, essa denúncia já se faz presente, quando acusa o clero de utilizar os textos das Escrituras contra a obediência civil. Ao concluir seu discurso, na última página do livro, o filósofo mostra-se desejoso de que sua obra seja tomada como a verdadeira e única fonte no que se refere aos assuntos da política. Ela deve ser ensinada nas universidades, para que sirva de antídoto contra o veneno de espíritos enganadores e sediciosos.[13] Se é nas universidades que os pregadores encontram a doutrina ilusória que professam ao povo, são elas que devem ser purificadas (ou seja, devem passar a professar as doutrinas do *Leviatã*), para que deixem de servir ao controle maléfico das opiniões.

Outro indício da importância crescente atribuída por Hobbes à formação das opiniões encontra-se no capítulo XXX do *Leviatã*, sobre o cargo do soberano. Ele enfatiza aí que as punições são insuficientes para a manutenção da paz, pois são encaradas pelos homens como atos de hostilidade, aos quais revidam, quando se acreditam capazes, com atos igualmente hostis.[14] Sendo assim, o soberano deverá encontrar outro meio para estimular a obediência: a instrução pública.

Como observa Johnston, a formação das opiniões é o tópico mais importante da discussão sobre o cargo do soberano no *Leviatã*, ao passo que, em 1640, ela aparece no fim da lista de "deveres" do governante.[15] Nota-se que o filósofo não ressalta apenas que o soberano deve proibir as doutrinas sediciosas. Mais do que isso, é necessário que estimule a obediência civil. O que caracteriza o bom governo é a formação das opiniões dos súditos em função da manutenção da paz e da obediência civil, pois "*... é no bom governo das opiniões que consiste o bom governo das ações, tendo em vista a paz e a concórdia entre os homens*".[16] Daí a extrema importância da instrução pública, pois, se os homens podem ser levados a acreditar em coisas contrárias à razão e prejudiciais à paz, poderão também, por meio do ensino e da pregação, ser levados a aceitar o que é conforme à razão e à obediência civil.

Frente à insuficiência da punição, a instrução pública faz-se necessária para o estímulo e para a conservação da obediência civil. Frente à incapacidade da razão para persuadir a maior parte dos homens, o sucesso da instrução pública requer o auxílio da eloqüência.

Como é sabido, nos *Elementos da lei* e no *Do cidadão*, a eloqüência é associada invariavelmente à discórdia e à sedição.[17] Em 1651, Hobbes não deixa de reconhecer que os efeitos da retórica podem ser desastrosos. Entretanto, outras vezes, ao referir-se à eloqüência como uma forma de poder, não usa o tom de crítica empregado nas obras anteriores.[18] Ela é definida como um instrumento que trabalha com as opiniões (verdadeiras ou falsas), com as paixões e com os interesses dos homens. A razão, por sua vez, baseia-se nos princípios da verdade. Possivelmente opostas, a razão e a paixão operam com instrumentos distintos, mas também possivelmente complementares, podendo muito bem caminhar juntas, "*pois, na medida em que há lugar para enfeitar e preferir o erro, muito mais lugar há para adornar e preferir a verdade*".[19] Em outras palavras, se a eloqüência serviu até então para conduzir os homens à desobediência civil, e o fez com sucesso, deverá ser utilizada agora para o fim oposto. Ela passa a ser vista por Hobbes como um instrumento a ser utilizado para dar eficácia prática à ciência política por ele fundada.

A eloqüência irá adornar a verdade. Mas por que é preciso esse auxílio? Porque a razão sozinha tem pouco efeito, é frágil, quando se choca com as paixões e interesses dos homens. Estes, em sua maioria, não acompanham os passos da ciência. Hobbes afirma, em 1651, que a ciência é um pequeno poder, pois é da sua natureza só poder ser compreendida por "*aqueles que em boa medida já a alcançaram*"[20] — ou seja, por muito poucos. O aprendizado da verdade requer meditação profunda, o que poucas pessoas querem ou podem fazer, já que estão, a maioria delas, preocupadas com seus interesses particulares.[21] Uma vez que a retórica trabalha com as opiniões, paixões e interesses dos homens, ela se mostra um instrumento eficaz, que pode andar ao lado e a serviço da razão.

Há homens que — pela educação ou pela natureza — são curiosos e sentem prazer na busca do conhecimento e das causas das coisas. Como observa Renato Janine Ribeiro, são homens dispostos a ler a si mesmos e que podem conhecer as raízes do Estado.[22] Obedecem, pois sabem da necessidade disso para a paz, e porque se reconhecem como autores das ações do soberano. A esses homens sábios, moderados, de "natureza generosa", se dirigiam os *Elementos da lei* e o *Do cidadão*. Mas não é apenas a eles — nem principalmente a eles — que se dirige o *Leviatã*. Hobbes tem, e sempre teve, consciência de que são poucos os que obedecem simplesmente por se reconhecerem como criadores do Estado, assim como poucos são capazes de seguir os passos da ciência. Para atingir a maior parte dos homens — e este é o objetivo de Hobbes no *Leviatã* — é preciso contar com o auxílio da retórica. A razão é uma faculdade de calcular, e muitas vezes os homens se embaraçam nos seus cálculos, por conta de suas paixões e interesses. Se bem utilizada, a eloqüência serve, portanto, como um auxiliar na prevenção dos erros de cálculo. Desse modo, Hobbes conclui, no *Leviatã*, que a eloqüência pode (e deve) ser empregada para conduzir os homens à obediência civil — o que não diz nos livros de 1640 e 1642.

Para o Hobbes de 1651, o fato de que um livro, como o *Leviatã*, tenha aspirações científicas e, ao mesmo tempo, valorize a eloqüência não é uma contradição. A ciência é para os poucos que podem alcançá-la; a eloqüência é para os que precisam ser convencidos a obedecer por outros meios. Usando a terminologia dos *Elementos da lei*, poderíamos talvez dizer: uns podem ser ensinados, outros devem ser persuadidos. Ou ainda: uns são esclarecidos, outros são doutrinados.[23] A finalidade, em ambos os casos, é a mesma: garantir a obediência civil, criando a possibilidade da realização prática daquilo que foi concluído, por meio do método geométrico, no âmbito da ciência.

A peculiaridade do *Leviatã* em relação às obras políticas anteriores se deve, pois, ao fato de que Hobbes fala pensando nesses dois tipos de homens. Conseqüentemente, ao mesmo tempo em que nos apresenta um sistema rígido e geométrico (como em 1640 e 1642), o filósofo relembra constantemente a fragilidade da razão perante as paixões. Inicialmente, a presença de ambos os aspectos na mesma obra pode parecer contraditória, assim como parecem incompatíveis dois projetos que claramente coexistem no livro: por um lado, o de esclarecimento e reforma do ensino, que tem em vista a luta contra a ignorância e a superstição, e, por outro, a tentativa de inversão doutrinária (ou doutrinação), que faz uso de imagens e doutrinas religiosas, (re)interpretadas e tornadas compatíveis com a obediência civil. Mas, se, inicialmente, parecemos estar diante de projetos contraditórios, uma leitura mais cuidadosa do *Leviatã* mostra-nos que eles são complementares: um enfatiza a razão e aposta no esclarecimento, o outro reconhece a sua fragilidade e lança mão de um discurso retórico, que pretende mobilizar as paixões dos homens e torná-los mais aptos para uma convivência pacífica. São complementares na medida em que cada um trabalha, com o seu instrumento, para o sucesso da instrução pública e, conseqüentemente, para a manutenção da paz e da obediência. Tomemos duas passagens que ilustram a coexistência desses dois aspectos.

Hobbes demonstra, na segunda parte do *Leviatã*, que a instituição da soberania absoluta, assim como o cumprimento do pacto, é a única maneira de garantir aos homens a autoproteção e uma vida mais satisfeita. Entretanto, na terceira parte do livro, utiliza um outro meio para levar os homens à conclusão de que é necessário obedecer ao soberano civil. No capítulo XXXIII, ele nos diz que "*Deus ordenou a obediência ao soberano civil através da razão natural*".[24] Se formos aos capítulos XIV e XV, onde o filósofo trata das leis de natureza, perceberemos que ali ele não precisou invocar Deus para estabelecer que a primeira lei de natureza manda procurar a paz, que a segunda ordena a limitação do direito a todas as coisas, a terceira, que os homens cumpram os pactos, e assim por diante.

Uma lei de natureza "*é um preceito ou regra geral estabelecido pela* razão, *mediante o qual se proíbe a um homem fazer tudo o que possa destruir sua vida ou privá-lo dos meios necessários para preservá-la*".[25] Desta lei são derivadas todas as leis de natureza, que dela se seguem necessariamente. Se a razão proíbe os homens de atentarem contra a própria preservação, segue-se "*que todo homem deve esforçar-se pela paz, na medida em que tenha esperança de consegui-la, e caso não a consiga, pode procurar e usar todas as ajudas e vantagens da guerra*"[26] — de onde se deriva então a lei que ordena "*que um homem concorde, quando outros também o façam, e na medida em que tal considere necessário para a paz e para a defesa de si mesmo, em renunciar a seu direito a todas as coisas*".[27] Mas é evidente, pela experiência, que é preciso haver um poder comum capaz de garantir o cumprimento dos pactos, e assim a terceira lei de natureza ordena que os homens cumpram os pactos que celebram, o que exige a criação de um poder coercitivo, "*capaz de obrigar igualmente os homens ao cumprimento dos seus pactos, mediante o terror de algum castigo que seja superior ao benefício que esperam tirar do rompimento do pacto*".[28] A partir daí, Hobbes deduz todas as outras leis, como a da gratidão, da complacência, do perdão, da igualdade, da eqüidade etc., e conclui que a ciência dessas leis é a verdadeira filosofia moral, isto é, a ciência do que é bom e mau na sociedade humana.

O capítulo XV termina com a ressalva de que os preceitos da razão não são propriamente leis, pois obrigam somente *in foro* interno, e apenas nesse momento é dito que, na medida em que são transmitidos pela palavra de Deus, "*que tem direito de mando sobre as coisas*",[29] eles são propriamente chamados "leis". A referência às leis de natureza como leis de Deus aparece somente na última linha do capítulo. Ela não foi necessária para o estabelecimento das leis de natureza, que são, como Hobbes diz no início do capítulo XIV, *leis da razão*. A derivação destas últimas a partir da primeira lei é feita por uma dedução que parte do princípio da autopreservação. Em suma, podemos concluir logicamente a necessidade da obediência civil a partir deste princípio. No entanto, no capítulo XXXIV, é dito que Deus ordenou a obediência civil através da razão natural. Isso não é, porém, incompatível com o que havia sido exposto antes, mas apenas uma outra forma de conduzir os homens à conclusão de que devem obedecer ao soberano civil: Deus quer que assim seja feito.

Uma outra passagem da terceira parte do *Leviatã* causa estranheza a qualquer um que tenha lido as duas primeiras partes do livro. Hobbes é um contratualista e afirma que o direito do governante deriva do consentimento dos homens. Mas, no capítulo XLII, ele diz: "*Todos os pastores, com exceção do supremo pastor, desempenham suas funções pelo direito, isto é, pela autoridade do soberano civil, isto é,* jure civili. *Mas o rei, ou qualquer outro soberano, desempenha seu cargo de supremo pastor pela imediata autoridade de Deus, quer dizer, por direito de Deus, ou* jure divino."[30]

Como entender essa passagem, sabendo que, para Hobbes, o direito do governante deriva de um pacto estabelecido entre os governados? Acusá-lo de fazer afirmações contraditórias seria ingenuidade do leitor. Ele mesmo nos dá uma pista para que possamos entender qual é o lugar de uma afirmação como essa em um livro como o *Leviatã*. No capítulo XLIII, ao tratar da interpretação dos textos das Escrituras, o filósofo diz: "*não são as palavras nuas, mas sim o objetivo do autor, que dá a verdadeira luz pela qual qualquer escrito deve ser interpretado, e aqueles que insistem nos textos isolados, sem considerarem o desígnio principal, nada deles podem tirar com clareza.*"[31]

O objetivo de Hobbes é a manutenção da obediência civil. Desse modo, a passagem supracitada não é contraditória com a intenção principal do filósofo, pois talvez, para alguns, esta seja uma forma mais persuasiva de dizer que os homens devem obedecer apenas ao seu soberano civil, e não ao clero ou ao Papa. O clero romano rogava para si direito divino. Frente a esse fato, atribuir ao soberano *jure divino* visa negar que os padres ou o Papa tenham esse direito. Visa, portanto, impedir que a obediência civil seja desviada.

Há ainda uma outra passagem do *Leviatã* que pode nos ajudar a compreender a atribuição de *jure divino* ao soberano civil. A despeito das críticas que Hobbes faz à religião dos gentios no capítulo XII, ele não deixa de salientar um aspecto muito importante dos Estados antigos que utilizaram a religião como parte da política humana. Os fundadores e legisladores desses Estados cultivaram as sementes da religião com o objetivo de fazer "*os que neles confiavam tenderem mais para a obediência, as leis, a paz, a caridade e a sociedade civil*".[32] A fim de manter o povo em obediência e em paz, tiveram o cuidado de "*incutir em suas mentes a crença de que os preceitos que ditavam a respeito da religião não deviam ser considerados como provenientes de sua própria invenção, mas como os ditames de algum deus, ou outro espírito, ou então que eles próprios eram de natureza superior à dos simples mortais, a fim de que suas leis fossem mais facilmente aceitas*". E também "*tiveram o cuidado de fazer acreditar que aos deuses desagradavam as mesmas coisas que eram proibidas pelas leis*".[33] Não é em tom de crítica que Hobbes se refere à essa atitude dos legisladores antigos, pois ela visava tão-somente à manutenção da obediência e da paz. Os homens são facilmente seduzidos por aqueles que gozam de crédito junto a eles e tiram partido de seu medo e ignorância. Tendo em vista esse fato, os legisladores dos Estados gentios se preveniram, utilizando as sementes da religião de maneira favorável à obediência civil. Hobbes também quer o estabelecimento de uma religião que não se choque com a paz. Reconhece que as sementes da religião jamais serão extirpadas da natureza humana, e sabe que elas podem ser cultivadas por homens que pretendem desviar o povo da obediência civil. Talvez por isso não condene a atitude dos legisladores antigos, que se preveniram mantendo a religião em conformidade com a paz. Talvez por isso também (e com o mesmo intuito dos legisladores antigos), ele vem a dizer, no capítulo XLII, que o soberano tem *jure divino*.

Percebe-se que, na terceira parte do *Leviatã*, Hobbes trabalha num registro diferente daquele da segunda parte. Nesta, ele demonstra, a partir de princípios verdadeiros e fundados na experiência, a necessidade da instituição da soberania absoluta. Na terceira parte, procura mostrar que Deus quer que os homens obedeçam ao seu soberano civil. Podemos supor que esteja pensando, em cada um dos momentos, em um determinado público, ou em um determinado tipo de homem. No primeiro momento, dirige-se àqueles que vão acompanhar e compreender a sua dedução. Estes obedecerão ao Estado, por se identificarem como seus criadores e por reconhecerem que isso é necessário para garantir a própria preservação. Entretanto, ao usar o argumento do direito divino, talvez Hobbes esteja pensando naqueles que não acompanham os passos da ciência (porque não querem ou não podem fazê-lo), não lêem a si mesmos e tampouco se reconhecem como criadores da soberania e autores dos atos do soberano. Para que estes obedeçam, parece ser mais eficaz dizer-lhes que o governante tem *jure divino*.[34] Estamos diante de uma forma de exposição retórica, que visa impedir que os homens sejam desviados da obediência ao soberano civil.

Entretanto, temos ainda uma questão: por que Hobbes pretende, no *Leviatã*, ampliar o seu público, mostrando-se mais efetivamente preocupado com a instrução pública? Ou ainda: por que Hobbes não se contenta mais em falar para um público restrito de homens eruditos? À luz da efervescência intelectual e política dos anos 1640, talvez possamos compreender a causa pela qual Hobbes passa a se preocupar mais, e de forma mais abrangente, com a formação das opiniões dos súditos e, conseqüentemente, a aceitar e a empregar a eloqüência no *Leviatã*.

Como mostra Cristopher Hill em *O mundo de ponta-cabeça*, a década de 1640 é marcada por uma intensa mobilização e fermentação cultural. A censura e os tribunais eclesiásticos foram abolidos, permitindo-se a livre manifestação das idéias, e a prensa tornou-se relativamente barata, possibilitando enorme proliferação de panfletos.

O povo comum teve inusitada participação nas eleições de 1640, votando contra a corte e a favor do parlamento. Este último desempenhou importante papel no processo de popularização das questões políticas. Frente à intransigência do rei, lançou a Grande Reclamação, em 1641, procurando apoio fora da classe dirigente. Os discursos dos deputados de oposição foram publicados e amplamente divulgados, lidos e discutidos. A criação do Exército de Novo Tipo também contribuiu muito para a efervescência das idéias políticas nos meios populares. Como observa Hill: "*a liberdade de discussão que foi permitida nesse exército excepcional levou a um desenvolvimento fantasticamente rápido do pensamento político*".[35] As pessoas comuns estavam sendo introduzidas na ação política.

Em pouco tempo, conta Hill, a Inglaterra viu crescer o ódio popular aos fidalgos e cortesãos. "*O que me dizes de nascência e descendência? Eu espero que em menos de um ano não haja mais nenhum fidalgo na Inglaterra*", bradava um sectário.[36] A antipatia popular também se dirigia contra a Igreja oficial. As divisórias que separavam os altares dos fiéis foram arrancadas, estátuas foram destruídas, cavalos foram batizados. Ao abolir o episcopado, em 1641, a Câmara dos Comuns foi saudada e o povo comemorou nas ruas.

Com o fim da censura, familistas, separatistas, milenaristas, anabatistas, puderam se reunir e expor suas idéias publicamente. Entre outras coisas, pregavam que Cristo está presente em cada fiel (familistas); manifestavam-se contra a Igreja oficial, seus dízimos e seu direito de nomear sacerdotes (separatistas); anunciavam que o milênio estava próximo e o Anticristo seria derrotado (milenaristas); ensinavam que todos os homens são iguais sem distinção entre senhores e servidores (anabatistas). O ponto comum entre as seitas era a aceitação da soberania de Deus, contra quem nenhuma autoridade terrena poderia medir-se. "*Quem teme a Deus está livre de qualquer outro temor; não teme homens de alto escalão*", afirmou William Dell em 1645. "*Escolhemos o Senhor Deus Todo-Poderoso para ser nosso senhor e rei e protetor*", disseram os *diggers* em 1649.[37]

Carlos I e seus partidários temiam a ascensão popular. Antes de começar a guerra civil, o rei avisara os realistas no parlamento do perigo de que "*finalmente o povo comum pudesse proclamar as suas pretensões, chamar de liberdade a paridade e a independência, ... destruir todos os direitos e propriedades, todas as distinções de família e mérito*".[38] Tanto os realistas quanto os parlamentares da oposição, observa Hill, estavam conscientes dos riscos que poderiam advir do apelo ao povo comum. Entretanto, o segundo grupo não via outra maneira de vencer o primeiro. A propaganda parlamentar enfatizava a dependência de Carlos I aos católicos estrangeiros e encorajava o inglês vulgar a acreditar que, apoiando o parlamento, estaria acelerando o estabelecimento do Reino de Deus na Terra.[39] A causa do parlamento é a causa de Deus, diziam os pregadores, e o governo de Carlos I defende o Anticristo Romano. Muitos sermões foram pregados com esse tipo de discurso, proclamando que o milênio estava próximo e o povo deveria liderar o combate contra o Anticristo.

Cristopher Hill nos convida a imaginar o efeito de doutrinas como estas em um momento em que a censura havia sido abolida, as seitas podiam reunir-se livremente, os pregadores tinham liberdade para pregar em público e o povo estava sendo, pela primeira vez, convocado a participar da política.[40] Em 1649, Carlos I era decapitado.[41]

A popularização das questões políticas durante os anos 1640, bem como a utilização de argumentos religiosos para justificar a oposição ao rei, parecem ter contribuído para que se intensificasse a preocupação de Hobbes com o controle e com a formação das opiniões dos súditos e, conseqüentemente, para que ele não se contentasse mais em falar para um público muito restrito e erudito, tal como fizera em 1640 e 1642. Os homens comuns foram persuadidos a apoiar o parlamento contra o rei com argumentos que aproximavam a causa parlamentar da causa de Deus e associavam Carlos I ao Anticristo.

Nas críticas (indiretas) que Hobbes faz a Carlos I no *Behemoth*, ele revela o que considera ser uma das causas principais da guerra civil: o rei perdera o controle sobre as opiniões de seus súditos e um discurso sedutor, vindo de toda parte, os induzira à desobediência. Daí que uma das preocupações centrais do *Leviatã* seja a conformidade das opiniões dos homens com a obediência civil e, por conseguinte, com a paz. No entanto, para formar as opiniões, não basta o discurso frio e dedutivo dos *Elementos da lei* e do *Do cidadão*. Não é, pois, de estranhar que Hobbes conclua, na Revisão e Conclusão do *Leviatã*, algo que não afirmara naqueles dois livros: razão e eloqüência podem muito bem operar juntas nas ciências morais. A preocupação crescente do filósofo com a instrução dos homens em geral faz vir à tona o que, de resto, já havia constatado em 1628: a verdade, sem a elocução, é quase sempre inapta para instruir.

Referências bibliográficas

Hill, C., *The Century of Revolution.* Londres, Cardinal, 1974.

_____, *O mundo de ponta-cabeça.* São Paulo, Companhia das Letras, 1987.

Hobbes, T., "The History of Grecian War Written by Thucydides" in *English Works.* ed. Molesworth, vol.II, Aalen, Scientia, 1966.

_____, "Considerations upon the Reputation. Loyalty, Manners and Religion, of Thomas Hobbes of Malmesbury" in *English Works.* ed. Molesworth, vol.IV. Aalen, Scientia, 1966.

_____, "Behemoth" in *English Works.* ed. Molesworth, vol.VI, Aalen, Scientia, 1966.

_____, *Leviatã.* Tradução de João Paulo Monteiro. São Paulo, Abril Cultural, 1983.

_____, *A natureza humana.* Tradução de João Aloísio Lopes. Lisboa, Imprensa Nacional Casa da Moeda, 1987.

_____, *Do cidadão.* Tradução de Renato Janine Ribeiro. São Paulo, Martins Fontes, 1992.

_____, *Elements of Law; Human Nature and De Corpore Politico.* Oxford, University Press, 1994.

_____, *On the Citizen.* Cambridge, University Press, 1998.

Johnston, D., *The Rhetoric of Leviathan.* Princeton, University Press, 1986.

Ribeiro, R.J., *Ao leitor sem medo.* São Paulo, Brasiliense, 1984.

Skinner, Q., *Reason and Rhetoric in the Philosophy of Thomas Hobbes.* Cambridge, University Press, 1995.

Thomas, K., "The Social Origins of Hobbes's Political Thought" in Brown, K. (org.), *Hobbes Studies.* Oxford, Blackwell, 1965, p.186-236.

Notas

1. A primeira versão deste texto encontra-se no terceiro capítulo da minha dissertação de mestrado, *Opinião e obediência civil na filosofia de Hobbes*, apresentada no Departamento de Filosofia da Universidade de São Paulo em julho de 1999, sob orientação de Maria das Graças de Souza do Nascimento. A versão final contou com a ajuda preciosa de Tessa Lacerda, Luiz Henrique Lopes dos Santos e José Carlos Estevão. Agradeço a eles pelas conversas e sugestões.

2. Cf. D. Johnston, *The Rhetoric of Leviathan* (Princeton, Princeton University Press, 1986) e Q. Skinner, *Reason and Rhetoric in the Philosophy of Thomas Hobbes* (Cambridge, Cambridge University Press, 1995).

3. Q. Skinner, *Reason and Rhetoric in the Philosophy of Hobbes*, op.cit., p.343-8.

4. T. Hobbes, *Leviatã* (São Paulo, Abril Cultural, 1983), revisão e conclusão, p.404.

5. T. Hobbes, *Elements of Law. Human Nature. De Corpore Politico* (Oxford, Oxford University Press, 1994, II, 8, 14).

6. T. Hobbes, ibid., Epístola Dedicatória.

7. Idem.

8. Cf. Q. Skinner, *Reason and Rhetoric*, op.cit., p.298-300.

9. K. Thomas, "The social origins of Hobbes's political thought", K. Brown (org.), *Hobbes Studies* (Oxford, Blackwell, 1965, p.212).

10. O fato de Hobbes se dirigir, nos *Elementos da lei*, a um público mais erudito, revelando-se preocupado com a fundamentação da ciência política, não significa que ele não estivesse empenhado em intervir no debate politico. No *Considerations* (1660), ele conta que, após a dissolução do Parlamento, em abril de 1640, propôs-se a escrever um pequeno tratado (os *Elementos da lei*), onde demonstrou que a soberania está no rei e é indivisível. O filósofo assinala ainda sua perfeita lealdade ao rei, por ter sido o primeiro a escrever em sua defesa (T. Hobbes, *Considerations upon Reputation. Loyalty, Manners and Religion of Thomas Hobbes of Malmesbury*, in Molesworth (org.) *English Works* (Aalen, Scientia, vol.IV, 1966, p.414).

11. Tratei mais amplamente dessa questão no primeiro capítulo da minha dissertação de mestrado, *Opinião e obediência civil na filosofia de Hobbes*, op.cit.

12. Cf. *Elements of Law*, I, XII, 6; *Do Cidadão*, VI, 9; *Leviatã*, XI, 60.

13. *Leviatã*, Revisão e Conclusão, 414.

14. *Leviatã*, XXX, p.201.

15. De acordo com Johnston, esta é uma entre outras passagens que indicam a importância crescente atribuída por Hobbes ao "fundamento ideológico" do poder político. O comentador menciona ainda a diferença de tratamento no que diz respeito às causas da rebelião e ao conceito de autorização como indícios de que Hobbes se mostra cada vez mais preocupado com a formação das opiniões (Cf. D. Johnston, *The Rhetoric of Leviathan*, op.cit., p.78-84). Além dos fatores mencionados por Johnston, deve-se notar que, progressivamente, Hobbes dá mais atenção às doutrinas do clero. Em 1640, dedica três capítulos (XXV, XXVI e XXVII) a mostrar que o papa, os bispos e os padres não têm poder coercitivo sobre os súditos de um Estado cristão. São capítulos breves, que pretendem mostrar que as esperanças e os medos dos súditos devem estar voltados apenas para o soberano civil. No *Do Cidadão*, a questão religiosa ganha um pouco mais de atenção: são quatro capítulos, mais extensos e detalhados. No *Leviatã*, Hobbes dedica a terceira parte inteira do livro a resolver as controvérsias que podem surgir da disputa entre um pretenso "poder espiritual"e o poder civil, e a mostrar que a correta interpretação das Escrituras fundamenta a obediência ao soberano civil. A diferença na composição das obras, no que diz respeito às questões religiosas, nos leva a supor que, em 1651, Hobbes está mais empenhado em combater o controle exercido pelo clero sobre as opiniões dos súditos de um Estado cristão.

16. *Leviatã*, XVIII, p.109.

17. Cf. *Elements of Law*, II, XXI, 7 e II, XXVII, 12-15; e *Do Cidadão*, X, 9; X, 11; XII, 12 e XIII, 13.

18. "A eloqüência é poder porque se assemelha à ciência." (*Leviatã*, X, 54); "A eloqüência, juntamente com a lisonja, leva os homens a confiar em quem as pratica, pois a primeira se assemelha à sabedoria e a segunda, à bondade." (*Leviatã*, XI, 62).

19. *Leviatã*, Revisão e Conclusão, p.404-5.

20. *Leviatã*, XI, 54.

21. Cf. *Leviatã*, XXX.

22. R.J. Ribeiro, *Ao leitor sem medo* (São Paulo, Brasiliense, 1984, p.31ss.).

23. Em *Reason and Rhetoric*, Johnston procura mostrar que a intenção primordial de Hobbes no *Leviatã* é "promover uma transformação na cultura de seus contemporâneos" (op.cit., p.XX). De acordo com ele, Hobbes percebeu que certas características do mundo imaginário dos homens de seu tempo eram antagônicas ao estabelecimento da autoridade política sobre bases racionais. O *Leviatã* ataca tais características (como a ignorância e a superstição) e tenta substituí-las por doutrinas e concepções que o autor considera mais esclarecidas e compatíveis com a sociedade política racional. Sendo assim, o que une a teologia, a metafísica e a política no *Leviatã* é o propósito

de iniciar uma transformação cultural, através da qual Hobbes espera estabelecer os fundamentos necessários para que uma política verdadeiramente racional possa vir a existir. Por isso, afirma Johnston, a argumentação teológica do *Leviatã* é diferente e mais ampla, em comparação com as obras anteriores. Hobbes pretendia expor e combater os elementos mágicos e supersticiosos do cristianismo, e estabelecer uma mudança nos hábitos de pensamento e ação que prevaleceram ao longo da era cristã. Essa mudança seria tão fundamental que levaria quase a uma "transformação da psiquê humana" (ibid., p.130). De acordo com o comentador, esse propósito está por trás de todas as alterações que distinguem o *Leviatã* das obras políticas anteriores, tais como a ambição de atingir um público mais amplo e de formar a opinião pública diretamente, a vivacidade da linguagem ou o novo argumento teológico. Certamente, a leitura que Johnston faz do *Leviatã* traz à luz um aspecto fundamental dessa obra: a luta contra a ignorância e a superstição. Mais do que isso, mostra muito bem que as raízes ideológicas são o alicerce do poder político. Entretanto, parece-me que o comentador atribui a Hobbes uma esperança iluminista que não se encaixa muito bem no nosso autor. Ele diz que a filosofia política no *Leviatã* se liga a um possível acontecimento futuro, i.e., a transformação dos homens em criaturas relativamente esclarecidas e racionais (ibid., p.128). No entanto, não parece que Hobbes tivesse a ilusão de que seria possível promover uma mudança profunda nos homens (a natureza humana não se altera). Sua intenção, aparentemente, não era transformar os homens, mas torná-los mais afeitos à obediência civil. A afirmação de Johnston pode nos fazer pensar que Hobbes tinha a esperança de que tal mudança aniquilaria os conflitos, e de que os interesses dos homens não mais se chocariam com a manutenção do Estado. Contudo, isso vai de encontro a uma tensão característica do *Leviatã*: os interesses e as paixões dos homens ameaçam constantemente a paz civil. Daí fazer-se necessária a instrução pública. O soberano deverá impedir que o povo seja seduzido pelos inimigos do Estado, por isso deverá agir sobre as suas opiniões. Mas, como esses inimigos estão sempre potencialmente presentes, o trabalho de controle e formação das opiniões deverá ser permanente, requerendo um governante habilidoso que saiba manter as opiniões dos seus súditos em conformidade com a obediência civil.

24. *Leviatã*, XXXIII, 224.
25. Ibid., XIV, 78.
26. Idem.
27. *Leviatã*, XIV, 79.
28. Ibid., XV, 86.
29. Ibid., 95.
30. Ibid., XLII, 318.
31. Ibid., XLIII, 350.
32. Ibid., XII, 67.
33. Ibid., 70.
34. Não podemos deixar de apontar também que é na segunda metade da obra, intitulada "Do Estado cristão", que Hobbes diz que o rei é supremo pastor por direito de Deus. Na primeira metade do *Leviatã*, Hobbes fala do Estado em geral, está no domínio da ciência, i.e., do universal — e aqui não faz sentido falar em *jure divino*. Entretanto, na segunda metade ele fala especificamente do Estado cristão, está no domínio do particular. Nesse momento, ele se permite usar a eloqüência para, operando com as paixões e opiniões já recebidas dos homens, persuadi-los a obedecer. Para o esclarecimento das passagens supracitadas, foram fundamentais as sugestões feitas por Marilena Chauí.
35. C. Hill, *O mundo de ponta-cabeça* (São Paulo, Companhia das Letras, 1987, p.42).
36. Ibid., p.40-1.
37. Ibid., p.59.
38. Ibid., p.42.

39. C. Hill, *The Century of Revolution* (Londres, Cardinal, 1974, p.143).

40. C. Hill, *O mundo de ponta-cabeça*, op.cit., p.50-1.

41. Alguns anos depois, em sua autobiografia em versos, Hobbes explica que se pôs a escrever o *Leviatã* por não suportar que os terríveis crimes cometidos na Inglaterra fossem atribuídos aos comandos de Deus. Em 1651, Hobbes reconhece a força persuasiva do discurso sedicioso que levou à derrota do rei, e por isso gasta grande parte do livro para mostrar que uma correta interpretação das Escrituras revela aos homens que devem ser obedientes ao seu soberano civil (seja ele Carlos I ou Oliver Cromwell).

Este livro foi composto por TopTextos Edições Gráficas,
em Agaramond e Stone Sans, e impresso por
Cromosete Gráfica e Editora em agosto de 2003.